LE FRANÇAIS LANGUE SECONDE PAR THÈMES

Niveau intermédiaire

Cahier d'exercices
2e édition

Guylaine Cardinal

CHENELIÈRE
ÉDUCATION

Le français langue seconde par thèmes
2e édition

Niveau intermédiaire

Cahier d'exercices

Guylaine Cardinal

© 2008, 1995 Les Éditions de la Chenelière inc.

Édition : France Vandal
Coordination : Karine Di Genova
Révision linguistique : Cindy Villeneuve-Asselin
Correction d'épreuves : Viviane Deraspe
Conception graphique et infographie : Interscript
Conception de la couverture : Karina Dupuis
Illustrations : Karl Dupéré-Richer (colagene) et Karina Dupuis

Sources iconographiques

Couverture 1 (de gauche à droite) : Stephen Aaron Rees/Shutterstock ; iStockphoto ; Zimmytws/iStockphoto ; Adam Gryko/iStockphoto ; Sander Kamp/iStockphoto (fond).

Dans cet ouvrage, le masculin est utilisé comme représentant des deux sexes, sans discrimination à l'égard des hommes et des femmes, et dans le seul but d'alléger le texte.

Plusieurs marques de commerce sont mentionnées dans cet ouvrage. L'Éditeur n'a pas établi de liste de ces marques de commerce et de leur propriétaire, et n'a pas inséré le symbole approprié à chacune d'elles puisqu'elles sont nommées à titre informatif et au profit de leur propriétaire, sans aucune intention de porter atteinte aux droits de propriété relatifs à ces marques.

**Catalogage avant publication
de Bibliothèque et Archives nationales du Québec
et Bibliothèque et Archives Canada**

Cardinal, Guylaine, 1964-

Le français langue seconde par thèmes. Cahier d'exercices
2e éd.

Sommaire : [1] Niveau débutant – **[2] Niveau intermédiaire** –
[3] Niveau avancé.

ISBN 978-2-7650-2349-4 (v. 1)
ISBN 978-2-7650-2350-0 (v. 2)
ISBN 978-2-7650-2351-7 (v. 3)

1. Français (Langue) – Manuels pour allophones.   2. Français (Langue) – Problèmes et exercices.   3. Français (Langue) – Grammaire.   4. Français (Langue) – Vocabulaires et manuels de conversation.   I. Titre.

PC2128.C37 2008   448.2'4   C2008-940562-5

5800, rue Saint-Denis, bureau 900
Montréal (Québec) H2S 3L5 Canada
Téléphone : 514 273-1066
Télécopieur : 514 276-0324 ou 1 800 814-0324
info@cheneliere.ca

ISBN 978-2-7650-2350-0

Dépôt légal : 2e trimestre 2008
Bibliothèque et Archives nationales du Québec
Bibliothèque et Archives Canada

Imprimé au Canada

4 5 6 7 8 M 20 19 18 17 16

Gouvernement du Québec – Programme de crédit d'impôt pour l'édition de livres – Gestion SODEC.

Ce projet est financé en partie par le gouvernement du Canada | **Canadä**

Remerciements

Tous mes remerciements vont à :

- l'équipe de Chenelière Éducation,
- tous mes étudiants, qui m'ont beaucoup appris,
- tous les enseignants, qui m'ont aidée, de près ou de loin, dans la réalisation de ce projet,
- Josie Piech et Marc St-Onge, sans qui cet ouvrage n'aurait jamais vu le jour.

Guylaine Cardinal

Caractéristiques de l'ouvrage

Vous trouverez dans cette nouvelle édition :

- ☑ la présentation des contenus d'apprentissage au début de chaque thème ;
- ☑ des références grammaticales plus détaillées ;
- ☑ une approche plus raisonnée de la conjugaison des verbes ;
- ☑ de nouveaux exercices ;
- ☑ du matériel authentique ;
- ☑ de nombreuses références culturelles ;
- ☑ de nouvelles illustrations.

Table des matières

Partie

1

Thèmes

LA SANTÉ

Révision du contenu de niveau débutant
- les parties du corps humain
- les aliments souvent consommés
- le verbe **aller** au présent (**aller** bien)
- le verbe **avoir** au présent (**avoir** mal)
- la négation **ne... pas**
- les réponses à la forme affirmative et à la forme négative, au présent, au passé composé et au futur proche

Vocabulaire à l'étude
- le corps humain
- les postures
- les réactions du corps humain
- les professionnels de la santé
- les aliments
- les activités sportives et récréatives

Éléments grammaticaux
- le genre et le nombre des noms
- les déterminants partitifs
- la comparaison avec des noms :
    plus de... que de, moins de... que de, autant de... que de
- la question comportant **encore**
- la négation **ne... plus**

Verbes
- le verbe **falloir** au présent suivi d'un infinitif
- les verbes au présent et à l'imparfait de l'indicatif:
    avoir, être, faire, aller, se sentir
- des verbes pronominaux à l'infinitif

Situations de communication ciblées
- faire des recommandations en lien avec la santé
- prendre un rendez-vous auprès d'un professionnel de la santé
- informer d'un malaise
- informer sur son état de santé et celui d'une tierce personne
- intervenir en cas d'accident
- lire un document informatif contenant des mesures de quantité (le *Guide alimentaire canadien*)
- informer sur des changements qui se sont produits dans le temps

RÉVISION

Faites les exercices suivants.

1. Nommez les parties du corps humain.

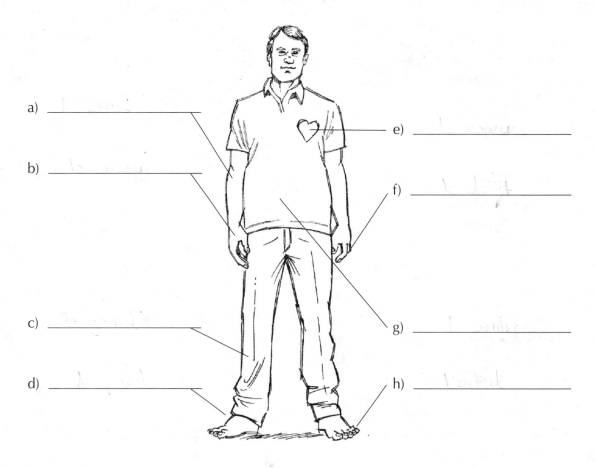

a) _____

b) _____

c) _____

d) _____

e) _____

f) _____

g) _____

h) _____

2. Conjuguez la locution **aller bien** au présent.

_____   _____

_____   _____

_____   _____

3. Conjuguez la locution **avoir mal** au présent.

_____   _____

_____   _____

_____   _____

4. Nommez les aliments.

a) _____ b) _____ c) _____

d) _____ e) _____ f) _____

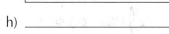 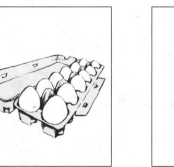 

g) _____ h) _____ i) _____

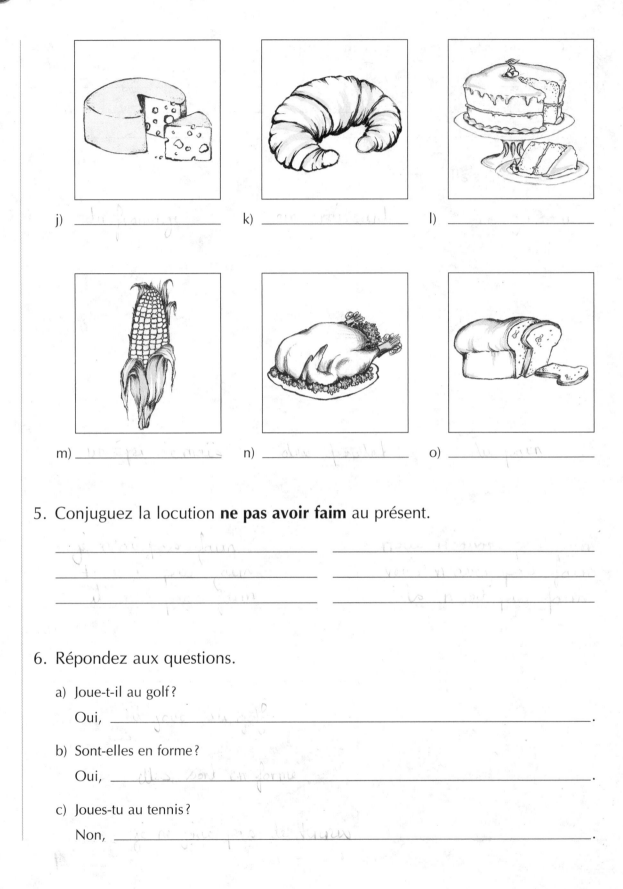

j) _____ k) _____ l) _____

m) _____ n) _____ o) _____

5. Conjuguez la locution **ne pas avoir faim** au présent.

_____ _____

_____ _____

_____ _____

6. Répondez aux questions.

a) Joue-t-il au golf?

Oui, _____.

b) Sont-elles en forme?

Oui, _____.

c) Joues-tu au tennis?

Non, _____.

d) Avez-vous soif ?

Non, je _____.

e) Ont-ils joué au hockey ?

Oui, _____.

f) Avez-vous fait du ski ?

Oui, nous _____.

g) Va-t-il jouer au tennis ?

Oui, _____.

h) Vas-tu faire du vélo ?

Non, _____.

7. Nommez deux mets typiquement québécois.

_____

_____

LE CORPS HUMAIN

EXERCICE 1 Dans les deux illustrations suivantes, indiquez où sont situées les parties du corps énumérées ci-dessous.

les cils – les sourcils – les lèvres – le visage – le front – le menton – les narines – les joues – les paupières – le cou – les épaules – les coudes – les poignets – les hanches – les ongles – les cuisses – les genoux – les chevilles – les mollets – les talons

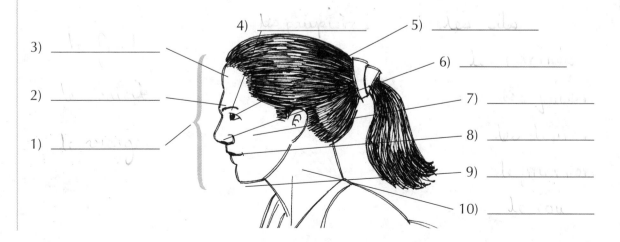

11) _____

15) _____

12) _____

16) _____

13) _____

17) _____

14) _____

18) _____

20) _____

19) _____

Les postures

EXERCICE 2 Dans la liste ci-dessous, trouvez la posture qui correspond à chaque illustration et conjuguez le verbe **être** à la troisième personne, au présent de l'indicatif.

être penché – être assis – être à quatre pattes – être debout – être accoudé – être couché

1. Elle _____.

2. Il _____.

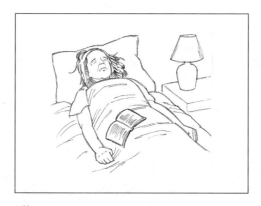

3. Elle _____.

4. Il _____.

5. Il _____.

6. Il _____.

La santé

Les réactions du corps humain

> **EXERCICE 3** Complétez les phrases en utilisant les verbes de la liste
> ci-dessous.
>
> éternuer – se gratter – se moucher – se masser – tousser – se reposer
>
> 1. Quand on a le rhume, on a le nez qui coule, alors il faut _____ .
>
> 2. Quand on s'étouffe ou qu'on a la gorge irritée, il faut _____
>   pour se sentir soulagé.
>
> 3. Quand on a le rhume ou une allergie respiratoire, on a le nez irrité, alors il faut
>   souvent _____ pour se sentir soulagé.
>
> 4. Quand on a la grippe et qu'on fait de la fièvre, il faut _____
>   pour combattre la maladie.
>
> 5. Quand on a un membre engourdi, il faut _____ pour accélérer
>   la circulation sanguine.
>
> 6. Quand on sent une démangeaison, il faut _____ pour se
>   sentir soulagé.

Les recommandations et les obligations

Le verbe **falloir** + un verbe à l'**infinitif** permet de faire une **recommandation** ou
d'exprimer une **obligation**.

Le verbe **falloir** au présent : **il faut.**

Le verbe **falloir** est un verbe **impersonnel.** « Il » ne remplace pas une personne. Les
verbes impersonnels se conjuguent uniquement à la 3ᵉ personne du singulier.

EXERCICE 4 Qu'est-ce qu'il faut faire dans les situations suivantes ?
Choisissez parmi les réponses suggérées ci-dessous.

Choix de réponses

- ne pas déplacer la personne et appeler rapidement une ambulance
- consulter un médecin
- se reposer
- consulter un pédiatre
- donner la respiration artificielle
- mettre un pansement sur la plaie et se rendre à l'urgence d'un hôpital

1. Une personne est frappée par une automobile.

   Qu'est-ce qu'il faut faire ?

   _____

   _____

2. Un bébé a la grippe et il a mal aux oreilles.

   Qu'est-ce qu'il faut faire ?

   _____

   _____

3. Une personne qui ne sait pas nager tombe dans un lac. Vous sortez la personne de l'eau et elle est inconsciente.

   Qu'est-ce qu'il faut faire ?

   _____

   _____

4. Une personne a souvent des étourdissements.

   Qu'est-ce qu'il faut faire ?

   _____

   _____

5. Une personne est très stressée.

   Qu'est-ce qu'il faut faire ?

   _____

   _____

6. Une personne se coupe gravement au doigt avec un couteau de cuisine.

   Qu'est-ce qu'il faut faire ?

   _____

   _____

La santé

EXERCICE 5 Voici des noms liés à la santé. Placez le déterminant indéfini singulier (**un** ou **une**) devant chaque nom. Vous pouvez chercher dans le dictionnaire. Puis, écrivez chaque nom au pluriel.

singulier	pluriel
1. _____ hôpital	des _____
2. _____ centre médical	des _____
3. _____ ou _____ pédiatre	des _____
4. _____ ou _____ médecin	des _____
5. _____ urgence	des _____
6. _____ accident	des _____
7. _____ ambulance	des _____
8. _____ blessé	des _____
9. _____ médicament	des _____
10. _____ radiographie	des _____
11. _____ mal	des _____
12. _____ engourdissement	des _____
13. _____ étourdissement	des _____
14. _____ maladie	des _____
15. _____ plaie	des _____
16. _____ virus	des _____

Les professionnels de la santé

EXERCICE 6 Il existe de nombreux professionnels de la santé. Dans la liste ci-dessous, trouvez les noms des spécialistes qui traitent les parties du corps mentionnées.

les spécialistes

un / une audiologiste

un / une orthophoniste

un chiropraticien / une chiropraticienne

un / une denturologiste

un / une podiatre

un / une ophtalmologiste

un ostéopraticien / une ostéopraticienne ou un / une ostéopathe

un / une cardiologue

un / une oto-rhino-laryngologiste

un opticien / une opticienne

un / une pneumologue

noms des spécialistes

a) les yeux : _____

b) les oreilles : _____

c) les voies respiratoires : _____

d) le dos : _____

e) les os et les articulations : _____

f) le cœur : _____

g) les dents : _____

h) les pieds : _____

 LE SENS DES MOTS

Parmi les mots qui désignent des professionnels, on trouve souvent des noms qui se terminent par **-iste** ou par **-ogue.**

Le suffixe **-iste** peut désigner l'exercice d'un métier, d'une activité.

Le suffixe **-ogue** peut désigner un savant, une personne très connaissante.

La santé

EXERCICE 7 Écrivez des noms de métiers ou de professions qui se terminent par **-iste** (au moins quatre) et par **-ogue** (au moins quatre). Vous pouvez choisir des noms qui ne sont pas nécessairement liés au domaine de la santé.

noms en **-iste**	noms en **-ogue**

EXERCICE 8 Vous devez prendre un rendez-vous pour une prise de sang à l'hôpital ou dans un laboratoire privé.

Rédigez un court dialogue entre vous et le préposé ou la préposée aux rendez-vous. Vous pouvez utiliser les débuts de phrases qui sont suggérés ci-dessous ou choisir d'autres phrases.

Suggestions de débuts de phrases

— Je désire prendre un rendez-vous pour…
— Pouvez-vous venir… (dire la date)?
— Où est-ce que je dois…?
— Vous devez…
— Combien coûte…?
— Les frais sont de…

Le dialogue doit contenir les renseignements suivants:

• la date;
• l'heure;
• le lieu (l'adresse, la salle, l'étage, le bureau);
• les directives (à jeun ou non);
• les frais* (si vous avez une assurance privée).

 NOTEZ

* Le nom **frais** est toujours au pluriel. Il faut dire: **des frais.**

On **ne** peut **pas** dire: «Je dois payer ~~un~~ frais de 45 $.»

Il faut dire: «Je dois payer **des frais** de 45 $.»

L'IMPARFAIT

 OBSERVEZ

Lundi dernier, Mathieu **était** fatigué. Le matin, il **avait** mal à la tête et il **avait** mal au cœur. L'après-midi, il **avait** mal partout. Il **était** malade.

Mardi dernier, Mathieu **se sentait** très mal. Il **avait** une grosse grippe. Il **faisait** beaucoup de fièvre.

Mercredi dernier, Mathieu **se sentait** un peu mieux.

Jeudi dernier, Mathieu **allait** beaucoup mieux.

Vendredi dernier, Mathieu **était** presque guéri.

Samedi dernier, Mathieu **était** guéri.

Dimanche dernier, Mathieu **était** en pleine forme.

La santé

La formation et l'utilisation de l'imparfait

L'imparfait permet, entre autres, de décrire l'état physique ou mental d'une personne dans le **passé.**

Pour former l'imparfait

radical du verbe + désinence

-ais
-ais
-ait
-ions
-iez
-aient

Exemple : parler

radical + désinence
je parl **ais**
tu parl **ais**
il / elle / on parl **ait**
nous parl **ions**
vous parl **iez**
ils / elles parl **aient**

Les désinences **-ais, -ais** et **-ait** se prononcent ε (comme dans **lait**).

  L'imparfait
Voir les Références grammaticales, page 256.

Avoir + **mal à la tête**
        + **mal au cœur**
        + **mal partout**

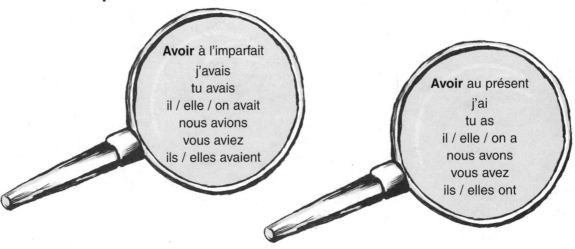

Avoir à l'imparfait
j'avais
tu avais
il / elle / on avait
nous avions
vous aviez
ils / elles avaient

Avoir au présent
j'ai
tu as
il / elle / on a
nous avons
vous avez
ils / elles ont

Être + bien
     + en pleine forme
     + fatigué
     + malade
     + mieux
     + guéri

Être à l'imparfait
j'étais
tu étais
il / elle / on était
nous étions
vous étiez
ils / elles étaient

Être au présent
je suis
tu es
il / elle / on est
nous sommes
vous êtes
ils / elles sont

Faire + de la fièvre

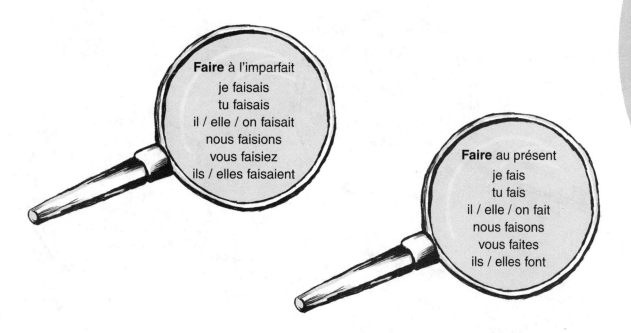

Faire à l'imparfait
je faisais
tu faisais
il / elle / on faisait
nous faisions
vous faisiez
ils / elles faisaient

Faire au présent
je fais
tu fais
il / elle / on fait
nous faisons
vous faites
ils / elles font

La santé

Aller + bien
+ mal
+ mieux

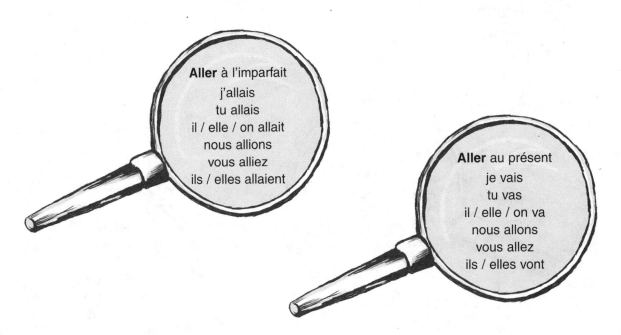

Aller à l'imparfait
j'allais
tu allais
il / elle / on allait
nous allions
vous alliez
ils / elles allaient

Aller au présent
je vais
tu vas
il / elle / on va
nous allons
vous allez
ils / elles vont

Se sentir + bien
+ mal
+ mieux

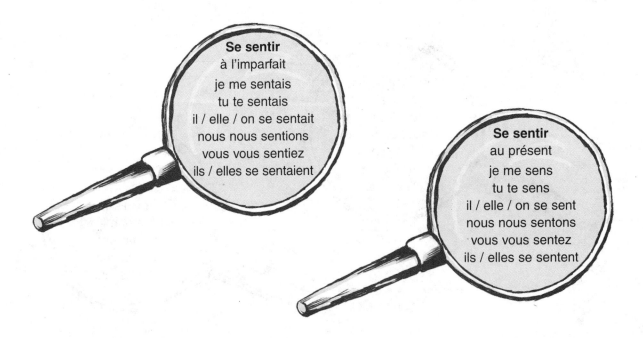

Se sentir
à l'imparfait
je me sentais
tu te sentais
il / elle / on se sentait
nous nous sentions
vous vous sentiez
ils / elles se sentaient

Se sentir
au présent
je me sens
tu te sens
il / elle / on se sent
nous nous sentons
vous vous sentez
ils / elles se sentent

EXERCICE 9 Comparez l'état d'une personne dans le passé à son état actuel en conjuguant les verbes à l'imparfait et au présent.

La semaine dernière…	**mais cette semaine…**

1. j' _____,   je _____.

          (être malade)   (être en pleine forme)

2. tu _____,   tu _____.

          (se sentir mal)   (se sentir mieux)

3. il _____,   il _____.

          (avoir mal à la tête)   (avoir mal partout)

4. elle _____,   elle _____.

          (être fatigué)   (être bien)

5. nous _____,   nous _____.

          (être malade)   (être guéri)

6. vous _____,   vous _____.

          (se sentir mal)   (se sentir bien)

7. ils _____,   ils _____.

          (avoir mal au cœur)   (ne pas avoir mal au cœur)

8. elles _____,   elles _____.

          (faire de la fièvre)   (ne pas faire de fièvre)

La santé

L'ALIMENTATION

Santé Canada publie le *Guide alimentaire canadien*. Ce guide vous aide à connaître les types d'aliments et les quantités que vous devez manger. Le guide porte sur les besoins des enfants, des adolescents et des adultes.

EXERCICE 10 Voici les portions quotidiennes recommandées par le *Guide alimentaire canadien* pour les hommes et les femmes âgés de 19 à 50 ans. En général, combien de portions consommez-vous chaque jour ?

Légumes et fruits
De 8 à 10 portions pour les hommes
De 7 à 8 portions pour les femmes

Une portion du *Guide alimentaire* =

125 ml ($\frac{1}{2}$ tasse) de légumes ou de fruits frais, surgelés ou en conserve, ou de jus 100 % pur ; ou 250 ml (1 tasse) de légumes feuillus ou de salade ; ou un fruit.

Le nombre de portions que je consomme : _____

Produits céréaliers
8 portions pour les hommes
De 6 à 7 portions pour les femmes

Une portion du *Guide alimentaire* =

1 tranche (35 g) de pain ; ou $\frac{1}{2}$ pita ou tortilla (35 g) ; ou 125 ml ($\frac{1}{2}$ tasse) de riz, de pâtes alimentaires ou de couscous cuits ; ou 30 g de céréales froides ; ou 175 ml ($\frac{3}{4}$ tasse) de céréales chaudes.

Le nombre de portions que je consomme : _____

Lait et substituts
2 portions pour les hommes
2 portions pour les femmes

Une portion du *Guide alimentaire* =

250 ml (1 tasse) de lait ou de boisson de soya enrichie ; ou 175 g ($\frac{3}{4}$ tasse) de yogourt ; ou 50 g (1 $\frac{1}{2}$ once) de fromage.

Le nombre de portions que je consomme : _____

Viandes et substituts
3 portions pour les hommes
2 portions pour les femmes

Une portion du *Guide alimentaire* =

75 g (2 $\frac{1}{2}$ onces) ou 125 ml ($\frac{1}{2}$ tasse) de poisson, de fruits de mer, de volaille ou de viande maigre cuits ; ou 175 ml ($\frac{3}{4}$ tasse) de légumineuses cuites ou de tofu ; ou 60 ml ($\frac{1}{4}$ tasse) de noix et graines écalées.

Le nombre de portions que je consomme : _____

Huiles et autres matières grasses
De 30 à 45 ml (de 2 à 3 cuillères à table) pour les hommes
De 30 à 45 ml (de 2 à 3 cuillères à table) pour les femmes

Cela comprend les huiles utilisées pour la cuisson, les vinaigrettes, la margarine et la mayonnaise. Il faut choisir des lipides insaturés.

Le nombre de portions que je consomme : _____

Source : Tiré de *Bien manger avec le Guide alimentaire canadien*. Santé Canada.

NOTEZ

On utilise les prépositions **de** et **à** pour indiquer une variation de nombres.

Exemples : Il faut manger **de** 8 **à** 10 portions de légumes et fruits.

Vous devez attendre **de** 5 **à** 7 jours avant d'obtenir les résultats de l'analyse.

Dans une série ou une suite, on peut aussi utiliser la préposition **entre** et le coordonnant **et.**

Exemple : Le médicament coûte **entre** 45 **et** 55 $.

La comparaison avec des noms

OBSERVEZ

Dans un régime alimentaire équilibré,

- il faut manger **plus de** légumes **que de** viande ;
- il faut manger **plus de** fruits **que de** gâteaux ;
- il faut boire **plus d'**eau **que de** boissons gazeuses ;
- il faut manger **autant de** légumes **que de** fruits ;
- il faut manger **moins de** viandes grasses **que de** viandes maigres ;
- il faut manger **moins de** pain blanc **que de** pain brun ;
- il faut boire **moins de** café **que d'**eau.

- plus de (nom) que de (nom)
- autant de (nom) que de (nom) } permettent de comparer des quantités.
- moins de (nom) que de (nom)

EXERCICE 11 Selon vos réponses à l'exercice 10, qu'est-ce que vous devez faire pour améliorer votre propre régime alimentaire ? Répondez en utilisant la comparaison avec des noms.

Exemple : Je dois manger **plus de** légumes **que de** fromage.

Dans les autres cas, vous pouvez simplement écrire : Je dois manger **plus de…, moins de…** ou **autant de…**

Exemple : Je dois boire **plus d'**eau.

La santé

EXERCICE 12 Écrivez des phrases en comparant des noms comme dans l'exemple ci-dessous.

Exemple : (plus de / carottes fraîches / carottes en conserve)
Il faut manger plus de carottes fraîches que de carottes en conserve.

Dans un régime alimentaire équilibré,...

1. (plus de / pommes / tartes aux pommes)

   _____

2. (plus de / fraises fraîches / confiture de fraises)

   _____

3. (autant de / pamplemousses / oranges)

   _____

4. (autant de / riz / pâtes alimentaires)

   _____

5. (moins de / soupes en conserve / soupes maison)

   _____

6. (moins de / gâteaux aux fruits / fruits frais)

   _____

LES ACTIVITÉS PHYSIQUES

 OBSERVEZ

Avant, j'**avais** une mauvaise alimentation.
Avant, je ne **faisais** pas d'exercice.
Avant, je ne **me reposais** pas.
Avant, je n'**étais** pas en forme.

Maintenant, j'ai une bonne alimentation.
Maintenant, je fais de l'exercice.
Maintenant, je me repose.
Maintenant, je suis en forme.

Pour les habitudes du passé → **utilisation de l'imparfait**

Avoir + une bonne / mauvaise alimentation

Avoir à l'imparfait

j'avais
tu avais
il / elle / on avait
nous avions
vous aviez
ils / elles avaient

Faire + de l'exercice

Faire à l'imparfait

je faisais
tu faisais
il / elle / on faisait
nous faisions
vous faisiez
ils / elles faisaient

Être + en forme

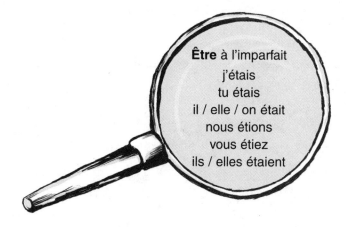

Être à l'imparfait

j'étais
tu étais
il / elle / on était
nous étions
vous étiez
ils / elles étaient

La santé

EXERCICE 13 Complétez les phrases en vous inspirant des illustrations.

Quand il était jeune, Pierre était en forme.

1. Il _____.

2. Il _____.

3. Il _____.

4. Il _____.

EXERCICE 14 Complétez les phrases en vous inspirant des illustrations.

Quand elle était jeune, Louise était en forme.

1. Elle _____.

2. Elle _____.

3. Elle _____.

4. Elle _____.

La santé

Quand on fait du sport, il faut faire attention !

OBSERVEZ

Si on ne fait pas attention, on peut **se blesser.**

On peut...   • **se fouler**   – une cheville
                                    – un poignet

               • **se casser**   – un bras
                                    – une jambe

               • **s'assommer**

EXERCICE 15   Qu'est-ce qu'il faut dire quand on est témoin d'un accident ?

Choisissez les phrases appropriées dans la liste de réponses ci-dessous.
Vous pouvez aussi ajouter une autre remarque que vous jugez appropriée.

Choix de réponses

— Vite, appelle une ambulance !
— Restez calme et ne bougez pas ! Je vais chercher du secours.
— Assieds-toi et pince ton nez. Je vais chercher une compresse d'eau froide.
— Madame, êtes-vous blessée ?

1. C'est l'hiver. Vous marchez sur le trottoir et, soudain, la femme qui marche devant vous glisse sur la glace et tombe.

   Vous demandez à la dame : _____

2. C'est l'été. Vous vous promenez dans un parc avec un ami. Il y a des enfants qui jouent au soccer. Un des enfants reçoit le ballon sur la tête et il tombe. Vous courez vers l'enfant et vous constatez qu'il est inconscient.

   Vous dites à votre ami : _____

3. Vous jouez au racquetball avec votre ami. Accidentellement, vous donnez un coup de raquette dans le visage de votre ami. Il n'est pas gravement blessé, mais il saigne du nez.

   Vous lui dites : _____

4. Vous êtes sur une pente de ski. Vous voyez un homme qui tombe. Vous approchez de l'homme et vous constatez qu'il a une jambe cassée.

   Vous lui dites : _____

EXERCICE 16 Écrivez les questions.

1. _____

   J'ai mal au pied gauche.

2. _____

   Je suis tombé dans l'escalier.

3. _____

   Non, je ne veux pas voir de médecin. Ça va mieux.

4. _____

   Oui, je veux un verre d'eau.

5. _____

   J'ai de la difficulté à respirer et je me sens faible.

6. _____

   Non, je n'ai pas besoin d'aide.

7. _____

   Non, je ne suis pas blessé.

8. _____

   Oui, je veux m'asseoir.

EXERCICE 17 Dans la liste ci-dessous, quatre mots se disent différemment quand ils sont au pluriel. Encerclez-les.

a) un blessé

b) une maladie

c) une douleur

d) un œuf

e) un cou

f) un jus

g) un doigt

h) un sport

i) un hôpital

j) un œil

k) un accident

l) un mal

m) une carotte

n) un bras

Lisez attentivement.

Sylvain et André sont deux amis d'enfance. Ils ne se sont pas vus depuis 10 ans et ils se rencontrent par hasard dans la rue.

Sylvain. — Salut André! Comment ça va?

André. — Ça va bien, merci. Et toi?

Sylvain. — Très bien, merci. Et puis, quoi de neuf?

André. — Ma vie a beaucoup changé depuis la dernière fois qu'on s'est vus. Je suis marié, j'ai un enfant et, crois-le ou non, je me suis lancé en affaires!

Sylvain. — Vraiment? Qu'est-ce que tu fais?

André. — J'ai ouvert un magasin de sport!

Sylvain. — Ça ne me surprend pas! Tu **étais** tellement sportif au collège. Dis-moi, joues-tu **encore** au tennis?

André. — Non, je **ne** joue **plus** au tennis.

Sylvain. — Comment ça se fait? Avant, tu **jouais** au tennis tous les jours!

André. — Je **n'**ai **plus** le temps. Le magasin prend tout mon temps. Et toi, quoi de neuf?

Sylvain. — Oh! moi, je n'ai pas tellement changé. Je suis encore célibataire et je suis programmeur.

André. — Joues-tu **encore** au hockey?

Sylvain. — Non, je **ne** joue **plus** au hockey. Avant, j'**avais** le temps d'aller jouer deux ou trois fois par semaine, mais maintenant c'est plus difficile. L'été, je fais de la natation et l'hiver, je fais du ski de randonnée.

André. — Et la santé?

Sylvain. — Je me porte à merveille!

André. — Fumes-tu **encore**?

Sylvain. — Non, et je suis très content! Je me sens beaucoup mieux depuis que je **ne** fume **plus.**

André. — Sylvain, je dois te laisser parce que j'ai un rendez-vous très important avec mon directeur de crédit. Laisse-moi ton numéro de téléphone et je vais t'appeler ce soir.

Sylvain. — Oui, d'accord. Mon numéro est le 919-888-4444.

André. — Voilà, c'est noté! À ce soir, Sylvain!

Sylvain. — À ce soir!

OBSERVEZ

Avant…

André **était** célibataire.

André n'**avait** pas d'enfant.

André **était** étudiant.

André **était** sportif.

André **jouait** au tennis.

André **avait** le temps de jouer
au tennis.

Sylvain **était** célibataire.

Sylvain **jouait** au hockey.

Sylvain **avait** le temps
de jouer au hockey.

Sylvain **fumait.**

Maintenant…

André **n'**est **plus** célibataire.
Il est marié.

il a un enfant.

il **n'**est **plus** étudiant.
Il est en affaires.

il **n'**est **plus** sportif.

il **ne** joue **plus** au tennis.

il **n'**a **plus** le temps.

Sylvain est **encore** célibataire.

il **ne** joue **plus** au hockey.

il **n'**a **plus** le temps.

il **ne** fume **plus.**

 NOTEZ

La question avec **encore** et la réponse avec **ne… plus**

Quand on pose une question avec **encore,** la réponse négative contient **ne plus.**

Exemples : Est-ce que tu fumes **encore** ?

  Non, je **ne** fume **plus.**

  Est-ce que tu travailles **encore** au même hôpital ?
  Non, je **ne** travaille **plus** au même hôpital.

La négation

Voir les Références grammaticales, page 263.

La santé

EXERCICE 18 Écrivez des phrases qui expriment l'idée contraire
                 et utilisez l'imparfait.

Exemple : Maintenant, je fais du jogging.
          Avant, je ne faisais pas de jogging.

1. Maintenant, je fais attention à ce que je mange.

   Avant, _____.

2. Maintenant, elle fait de l'exercice régulièrement.

   Avant, _____.

3. Maintenant, ils ont des loisirs.

   Avant, _____.

4. Maintenant, il ne boit plus beaucoup de café.

   Avant, _____.

5. Maintenant, ils n'ont plus le temps de jouer au tennis.

   Avant, _____.

6. Maintenant, nous ne sortons pas souvent.

   Avant, _____.

7. Maintenant, tu ne regardes plus la télévision toute la soirée.

   Avant, _____.

8. Maintenant, elle ne travaille plus les fins de semaine.

   Avant, _____.

9. Maintenant, ils ne jouent plus aux cartes tous les samedis soirs.

   Avant, _____.

10. Maintenant, je vais au centre d'entraînement physique.

    Avant, _____.

EXERCICE 19 Répondez aux questions.

1. Fais-tu encore du yoga ?

   Oui, _____.

2. Joue-t-elle encore à la balle molle ?

   Non, _____.

3. Est-il encore au régime ?

   Oui, _____.

4. Est-elle encore malade ?

   Non, _____.

5. Ont-ils encore le rhume ?

   Non, _____.

6. Jouez-vous encore au golf ?

   Non, nous _____.

7. Êtes-vous encore fatigué ?

   Non, je _____.

8. Fait-il encore du ski de randonnée ?

   Oui, _____.

9. Fais-tu encore de l'exercice tous les jours ?

   Oui, _____.

10. A-t-elle encore le temps de jouer au badminton ?

   Non, _____.

EXERCICE 20 Lisez attentivement.

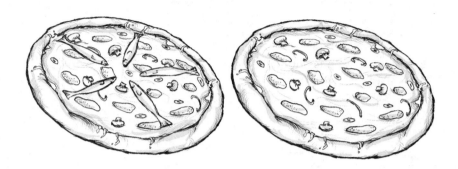

Une histoire de pizzas!

Quand j'avais 19 ans, j'allais à l'université le jour et je travaillais le soir. J'étais livreur pour un restaurant italien. C'est incroyable comme on apprend beaucoup de choses sur les gens quand on est livreur. On découvre leurs habitudes, leurs goûts et leur mode de vie. Cependant, j'ai appris qu'il faut être très discret quand on est livreur…

Laissez-moi vous raconter l'histoire de monsieur et madame Legros. Monsieur et madame Legros étaient deux très bons clients. Ils mangeaient de la pizza deux fois par semaine. Le mercredi soir, monsieur Legros commandait une grande pizza toute garnie et le samedi soir, madame Legros commandait une grande pizza au fromage et aux anchois.

Un soir, j'ai demandé à monsieur Legros pourquoi il commandait de la pizza toujours les mêmes soirs. Monsieur Legros m'a répondu:

— Parce que ma femme et moi sommes au régime depuis plusieurs mois. Personnellement, je n'aime pas les régimes! Je dois manger un petit bol de céréales au déjeuner, une salade au dîner et un peu de poisson et de légumes au souper. C'est horrible parce que j'ai toujours faim. Mais, heureusement, tous les mercredis soirs, ma femme va à son cours de danse aérobique. Comme elle n'est pas à la maison, j'en profite pour commander une grande pizza toute garnie. C'est tellement bon!

Nous avons ri quelques secondes et je lui ai demandé:

— Et pourquoi commandez-vous une grande pizza au fromage et aux anchois tous les samedis soirs?

Monsieur Legros m'a répondu:

— Là, vous m'apprenez quelque chose parce que je ne suis pas ici le samedi soir. Je joue toujours aux quilles ce soir-là!

Répondez aux questions sur le texte.

1. Quel âge avait le narrateur quand il était livreur ?

   _____

2. Où allait-il pendant la journée ?

   _____

3. Selon le narrateur, quand on est livreur, il faut être…

   _____

4. Combien de fois par semaine le narrateur livrait-il de la pizza chez monsieur et madame Legros ?

   _____

5. Pourquoi monsieur Legros a-t-il toujours faim ?

   _____

6. Que mange-t-il au déjeuner ?

   _____

7. Où va madame Legros tous les mercredis soirs ?

   _____

8. Quelle sorte de pizza commande monsieur Legros ?

   _____

9. Que fait monsieur Legros tous les samedis soirs ?

   _____

10. Selon vous, qui commande la grande pizza au fromage et aux anchois ?

   _____

La santé

AUTOÉVALUATION

	Réponses possibles			
	1 Très bien	2 Bien	3 Pas assez	4 Pas du tout
VOCABULAIRE				
Je connais des parties du corps humain, des postures et des réactions physiques.				
Je connais des professionnels de la santé.				
Je connais des aliments.				
Je connais des activités sportives et récréatives.				
ÉLÉMENTS À L'ÉTUDE DANS LE THÈME				
Je fais des efforts pour apprendre le genre (**masculin** ou **féminin**) des noms.				
Je peux faire des comparaisons avec des noms (**plus de… que de**; **moins de… que de**; **autant de… que de**).				
Je peux poser des questions en utilisant l'adverbe **encore**.				
Je peux utiliser la négation **ne… plus.**				
Je peux utiliser **il faut…** suivi d'un infinitif pour faire une recommandation.				
Je comprends comment conjuguer des verbes à l'imparfait.				
PARTICIPATION				
J'ai mémorisé du vocabulaire important pour moi.				
J'ai fait les exercices écrits.				
J'ai utilisé le dictionnaire.				
J'ai participé activement aux activités en classe (j'ai posé des questions, j'ai proposé un sujet de conversation, j'ai répondu à des questions, etc.).				
J'ai été attentif(ive) aux corrections que l'enseignant(e) a proposées.				
J'ai écouté attentivement les autres.				
Lorsque je ne comprenais pas rapidement, je ne me suis pas découragé(e).				

LES QUALITÉS ET LES DÉFAUTS

Révision du contenu de niveau débutant

- les adjectifs qualifiant des personnes
- le verbe **être** au présent de l'indicatif et de l'impératif
- le féminin des adjectifs
- les déterminants possessifs à la 1re personne du singulier
- des personnages connus

Vocabulaire à l'étude

- la famille
- les adjectifs qualificatifs décrivant le caractère d'une personne
- les compliments et les remerciements
- les compétences relatives à l'employabilité

Éléments grammaticaux

- la comparaison avec **comme**
- les pronoms compléments indirects
- la comparaison avec des adjectifs qualificatifs :
  plus... que, moins... que, aussi... que

Verbes

- **tenir** de quelqu'un
- **ressembler** à quelqu'un (et d'autres verbes suivis de la préposition **à**)
- l'imparfait (insistance sur le verbe **être**)
- le verbe **falloir** introduisant le subjonctif (**il faut que...**)
- le verbe **être** au subjonctif présent

Situations de communication ciblées

- informer sur son caractère
- informer sur sa famille
- comparer des comportements
- complimenter et remercier une personne
- relater des changements ayant trait à la personnalité
- informer sur ses compétences

RÉVISION

1. Conjuguez le verbe **être** au présent.

   _____   _____

   _____   _____

   _____   _____

2. Conjuguez le verbe **être** à l'impératif présent.

   _____

   _____

   _____

3. Écrivez les adjectifs suivants au féminin.

   a) généreux : _____

   b) honnête : _____

   c) distrait : _____

   d) paresseux : _____

   e) poli : _____

   f) ponctuel : _____

   g) têtu : _____

   h) travailleur : _____

4. Écrivez l'expression qui signifie le contraire de **avoir bon caractère**.

   _____

5. Écrivez un antonyme de chacun des adjectifs suivants.

   a) gentil : _____

   b) honnête : _____

   c) poli : _____

   d) calme : _____

6. Écrivez le bon déterminant possessif correspondant à la 1re personne du singulier (**mon, ma, mes**).

   a) _____ père

   b) _____ mère

   c) _____ frères

   d) _____ sœur

   e) _____ cousines

   f) _____ oncles

7. Répondez par vrai ou par faux.

	vrai	faux
a) Le personnage de Séraphin est un clown.	☐	☐
b) Le Petit Chaperon rouge est le personnage d'un conte pour enfants.	☐	☐
c) Le père Noël est le personnage d'une pièce de théâtre et il vit en Acadie.	☐	☐

L'INFLUENCE DE LA FAMILLE SUR LE CARACTÈRE D'UNE PERSONNE

Il est bien connu que les membres de notre famille influencent beaucoup notre caractère. On compare souvent le caractère d'un jeune enfant avec le caractère du père ou de la mère.

On entend souvent des phrases comme :

Il est têtu comme son père.

Elle est nerveuse comme sa mère.

Elle est calme comme son père.

Il est actif comme sa mère.

On entend souvent des phrases comme :
- Paul est très distrait. Il **tient de** son père.
- Je suis très ponctuel. Je **tiens de** ma mère.
- Elle est très curieuse. Elle **tient de** sa tante.

Tenir de quelqu'un signifie avoir les mêmes qualités ou les mêmes défauts qu'un membre plus vieux de notre famille.

Et vous… **de qui tenez-vous** ?

Tenir + de quelqu'un

Tenir au présent

je tiens
tu tiens
il / elle / on tient
nous tenons
vous tenez
ils / elles tiennent

De plus, un verbe très utilisé pour faire une comparaison est le verbe **ressembler** (à quelqu'un).

Exemples : Je ressemble à ma mère.

Vos enfants, à qui ressemblent-ils ?

Ressembler + à quelqu'un

Ressembler
au présent

je ressemble
tu ressembles
il / elle / on ressemble
nous ressemblons
vous ressemblez
ils / elles ressemblent

◉ OBSERVEZ

— Jacques **ressemble-t-il** à son père ?

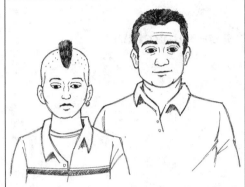

— Oui, il ressemble à son père.

ou

— Oui, il **lui** ressemble.

— Non, il ne ressemble pas à son père.

ou

— Non, il ne **lui** ressemble pas.

Lui est un **pronom complément indirect** qui remplace **son père.**

Les pronoms compléments indirects

	singulier	pluriel
1re personne	me	nous
2e personne	te	vous
3e personne	lui	leur

On utilise souvent le pronom complément indirect avec des verbes qui peuvent être suivis de la préposition **à.**

Exemples : parler à (quelqu'un)

Je parle à mon ami. → Je **lui** parle.

demander (un renseignement) à (quelqu'un)

Je demande un renseignement à Sophie. → Je **lui** demande un renseignement.

écrire (une lettre) à (quelqu'un)

Monsieur Dumont écrit une lettre à son client. → Monsieur Dumont **lui** écrit une lettre.

Le pronom complément indirect au présent et dans les autres temps simples est placé **devant le verbe.**

Phrase affirmative

Exemple : Je **lui** parle.

Phrase négative

Exemple : Je ne **lui** parle pas.

Phrase interrogative

Exemple : **Lui** parles-tu ?

Les pronoms compléments indirects

Voir les Références grammaticales, pages 245 à 248.

EXERCICE 1   Complétez les phrases en utilisant les pronoms compléments indirects appropriés.

Exemple : Louise dit : « Je suis comme mon père, je lui ressemble. »

1. Jean dit : « Je suis comme ma mère, je _____ ressemble. »

2. Laurent dit à Pierre : « Tu es comme ton père, tu _____ ressembles. »

3. Pauline dit à sa fille : « Tu es comme moi, tu _____ ressembles. »

4. Les parents de Jacques disent à Jacques : « Tu es comme nous, tu _____ ressembles. »

5. Marie dit aux parents de Jacques : « Jacques est comme vous, il _____ ressemble. »

6. Marie dit à son mari : « Jacques est comme ses parents, il _____ ressemble. »

7. Valérie dit à Manon : « Tes filles sont comme toi, elles _____ ressemblent. »

8. Madame Vachon dit à monsieur Dupré : « Votre garçon est comme vous, il _____ ressemble. »

Les qualités et les défauts

EXERCICE 2 Répondez aux questions.

Exemple : — Est-ce qu'il te ressemble ?
— Oui, il me ressemble.
— Non, il ne me ressemble pas.

1. Est-ce qu'elle lui ressemble ?

Oui, elle _____.

Non, elle _____.

2. Est-ce que tu lui ressembles ?

Oui, je _____.

Non, je _____.

3. Est-ce que nous leur ressemblons ?

Oui, vous _____.

Non, vous _____.

4. Est-ce que je te ressemble ?

Oui, tu _____.

Non, tu _____.

5. Est-ce que vous leur ressemblez ?

Oui, nous _____.

Non, nous _____.

6. Est-ce que tu me ressembles ?

Oui, je _____.

Non, je _____.

7. Est-ce qu'ils nous ressemblent ?

Oui, ils _____.

Non, ils _____.

8. Est-ce qu'elle te ressemble ?

Oui, elle _____.

Non, elle _____.

EXERCICE 3 Récrivez les phrases ci-dessous en remplaçant les compléments indirects en caractères gras par les pronoms compléments indirects qui conviennent.

Exemple : J'écris une lettre **à mes parents.**
            Je **leur** écris une lettre.

1. Elle envoie une carte de remerciement **à une amie.**

   _____

2. Je parle **à ces employés** fréquemment.

   _____

3. Nous voulons dire la vérité **à nos clients.**

   _____

4. Ils posent des questions **à l'enseignant.**

   _____

5. Tu peux demander la permission **à ta superviseure.**

   _____

La comparaison avec des adjectifs qualificatifs

Pour comparer deux êtres ou deux objets, on peut utiliser **plus... que, moins... que, aussi... que** avec un adjectif qualificatif.

+	=	−
plus... que	aussi... que	moins... que
un peu plus... que		un peu moins... que
beaucoup plus... que		beaucoup moins... que

Exemples : Pierre est **plus** patient **que** Paul.

            Ma sœur est **beaucoup moins** timide **que** moi.

            Ce représentant commercial semble **un peu plus** convaincant **que** l'autre.

EXERCICE 4　Écrivez des phrases qui permettent de faire des comparaisons
avec des adjectifs qualificatifs. Conjuguez les verbes
au présent et accordez les adjectifs.

Exemple : Pierre

　　　　　être distrait
　　　　　un peu plus… que
　　　　　son père
　　　　　Pierre est un peu plus distrait que son père.

1. Lise

　　être extroverti
　　beaucoup plus… que
　　Jacques

_____

2. Cette directrice

　　sembler exigeant
　　un peu moins… que
　　l'autre directrice

_____

3. Les étudiants du groupe A

　　être studieux
　　aussi… que
　　les étudiants du groupe B

_____

4. Les employés de cette entreprise

　　être motivé
　　moins… que
　　les employés de l'entreprise concurrente

_____

5. Ce nouveau député

　　sembler confiant
　　plus… que
　　le député précédent

_____

📖 **LE SENS DES MOTS**

Le préfixe **in-** et ses variantes **im-, il-** et **ir-** sont des préfixes négatifs. Ils permettent de former des adjectifs qui signifient souvent le contraire d'un autre adjectif.

Exemples : certain / incertain, légitime / illégitime, responsable / irresponsable.

Cherchez les adjectifs contraires des adjectifs suivants.

croyable : _____

probable : _____

accessible : _____

réel : _____

légal : _____

EXERCICE 5 Les compliments et les remerciements

1. Associez un compliment ou un remerciement de la liste ci-dessous à chacune des situations présentées.

Les compliments et les remerciements

Vous êtes très aimable. Merci beaucoup.
Je veux vous remercier pour ce que vous avez fait.
C'est très joli ce que tu portes.
Encore merci pour tout.
C'est vraiment gentil d'être venus.

Les situations

a) Vous remarquez qu'une amie ou une collègue est très bien habillée aujourd'hui.

_____

b) Une personne vous a rendu un service. Vous lui téléphonez pour la remercier.

_____

c) Une personne vous aide à transporter des sacs jusqu'à votre voiture.

_____

d) On organise une fête en votre honneur. Vous désirez remercier les personnes qui sont présentes.

_____

e) Vous écrivez un courriel à une personne qui vous a aidé. Vous terminez votre message et vous voulez encore lui dire merci.

_____

2. Écrivez trois autres énoncés pour remercier une personne et trois autres énoncés pour faire un compliment à une personne.

Les remerciements

_____

_____

_____

Les compliments

_____

_____

_____

AVEZ-VOUS CHANGÉ ?

Avec les années, tout le monde change. Prenons l'exemple de Lucie.

Quand elle était jeune,...
- elle était timide ;
- elle était craintive ;
- elle était distraite.

Maintenant,...
- elle est plus affirmée ;
- elle est plus confiante ;
- elle est attentive.

Lucie a changé : elle est plus affirmée, plus confiante et plus attentive qu'avant.

Être

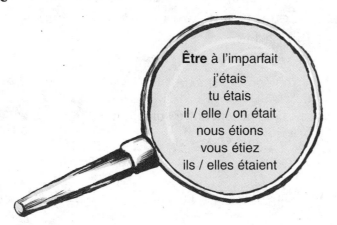

EXERCICE 6 Écrivez trois traits de votre caractère qui ont changé.

Quand j'étais jeune,...   **Maintenant,...**

_____   _____

_____   _____

_____

EXERCICE 7 Lisez attentivement. Prêtez attention aux verbes en caractères gras. Certains verbes sont au passé composé et d'autres sont à l'imparfait.

Pendant le souper, Stéphane parle avec son épouse, Linda.

Stéphane.   — Tu ne devineras jamais qui j'**ai rencontré** aujourd'hui pendant que j'**étais** à la banque!

Linda.   — Qui?

Stéphane.   — J'**ai rencontré** Jean-Louis.

Linda.   — Ah oui? Ça fait au moins dix ans qu'on ne lui **a** pas **parlé.** Comment va-t-il?

Stéphane.   — Il va très bien. Il **a décidé** de revenir habiter à Montréal.

Linda.   — Est-ce qu'il **a changé**?

Stéphane.   — Non, il est toujours le même! Il est très actif, il est de bonne humeur et il est toujours aussi drôle!

Linda.   — Et moi, sais-tu qui j'**ai vu** aujourd'hui?

Stéphane.   — Non. Qui?

Linda.   — J'**ai rencontré** madame Racine, tout à fait par hasard.

Stéphane.   — Qui est madame Racine?

Linda.   — Tu ne te souviens pas?

Stéphane.   — Non!

Linda.   — Mais si! Elle **était** notre voisine d'en face quand nous **habitions** sur la rue Saint-Damien.

Stéphane.   — Ah oui, oui! Je me souviens maintenant. Est-ce qu'elle est aussi timide qu'avant?

Linda.   — Non, elle **a** beaucoup **changé.** Elle est plus souriante et elle est plus bavarde.

Stéphane.   — Avant que j'oublie, je veux te dire que j'**ai invité** Jean-Louis à venir souper samedi soir.

Linda.   — Tu n'es pas sérieux?

Stéphane.   — Qu'est-ce qu'il y a? Pourquoi ris-tu?

Linda.   — Je ris parce que j'**ai invité** madame Racine à venir souper samedi soir!

> **NOTEZ**
>
> Les actions marquées par un début et une fin dans le passé → utilisation du passé composé
>
> Exemple : J'ai rencontré madame Racine. → La rencontre s'est produite à un moment précis dans le passé.
>
> Les actions qui se déroulent dans le passé sans connaître le début et la fin → utilisation de l'imparfait
>
> Exemple : … quand nous habitions sur la rue Saint-Damien → La période est indéterminée.

EXERCICE 8   Répondez aux questions sur le texte en cochant la case appropriée.

	vrai	faux	non mentionné
1. Linda ne connaît pas Jean-Louis.	☐	☐	☐
2. Quand il était jeune, Jean-Louis n'était pas drôle.	☐	☐	☐
3. Jean-Louis et Stéphane ont déjà habité sur la même rue.	☐	☐	☐
4. Madame Racine est la mère de Jean-Louis.	☐	☐	☐
5. Stéphane et Linda ont déjà habité sur la rue Saint-Damien.	☐	☐	☐
6. Dans le passé, madame Racine était beaucoup plus bavarde.	☐	☐	☐
7. Stéphane et Linda ont beaucoup changé.	☐	☐	☐
8. Jean-Louis et madame Racine sont allés souper chez Stéphane et Linda samedi soir dernier.	☐	☐	☐

Les qualités et les défauts

EXERCICE 9 Écrivez les verbes entre parenthèses à l'imparfait
ou au passé composé.

a) Jacques Cartier (naître) _____ en 1491, à Saint-Malo en France. En 1520,

il (épouser) _____ Catherine Des Granches. Quand il (être)

_____ jeune, Jacques Cartier (vouloir) _____ devenir marin.

En 1534, il (venir) _____ dans la région de Terre-Neuve et il (explorer)

_____ le golfe du Saint-Laurent. Par la suite, il (faire) _____

deux autres voyages en Amérique du Nord parce qu'il (vouloir) _____

trouver un passage pour se rendre en Asie. Jacques Cartier (être) _____ un

homme énergique et tenace. Il (mourir) _____ en 1557.

b) Marguerite Bourgeois (naître) _____ en 1620, à Troyes en France. Elle

(arriver) _____ à Ville-Marie (aujourd'hui Montréal) en 1653. En 1658, elle

(ouvrir) _____ la première école dans une étable abandonnée. Elle

(consacrer) _____ sa vie à l'éducation des enfants et des femmes de la

Nouvelle-France. Marguerite Bourgeois (être) _____ une femme dévouée et

très humble. Elle (refuser) _____ les honneurs et les privilèges. Elle (mourir)

_____ en 1700. Elle (avoir) _____ 80 ans.

c) Samuel de Champlain (naître) _____ vers 1580, dans la province de Saintonge en France. Il (être) _____ un navigateur et un explorateur. Il (faire) _____ son premier voyage en Amérique du Nord en 1603. Il (fonder) _____ la ville de Québec en 1608. En 1620, son épouse, Hélène Boullé, (venir) _____ vivre en Nouvelle-France. Elle (aider) _____ les gens malades. Elle (être) _____ patiente et douce. Samuel de Champlain (traverser) _____ 19 fois l'Atlantique dans le but de réussir à implanter une colonie française en Amérique du Nord. C'(être) _____ un homme acharné. Il (mourir) _____ le 25 décembre 1635. Certains considèrent Champlain comme le père de la Nouvelle-France.

LES QUALITÉS ET LES DÉFAUTS AU TRAVAIL

Pour être compétent et heureux dans son travail, il faut avoir les qualités nécessaires. Par exemple, une personne très bavarde risque d'être très malheureuse si elle est bibliothécaire. De plus, il ne faut pas avoir les défauts qui peuvent nuire à notre carrière. Par exemple, un contrôleur aérien qui est très distrait peut provoquer de graves accidents. Le Conference Board du Canada a établi un profil des compétences, des attitudes et des comportements qui sont nécessaires pour progresser dans le monde du travail.

EXERCICE 10 Voici une partie de l'information que vous pouvez trouver dans la trousse d'employabilité conçue par le Conference Board du Canada. Lisez attentivement l'information et cherchez dans le dictionnaire les mots que vous ne comprenez pas. Vous pouvez aussi faire la lecture à voix haute avec d'autres personnes. Profitez de l'occasion pour réfléchir à vos propres compétences.

Compétences relatives à l'employabilité 2000+

Les compétences de base

Les compétences essentielles à votre développement

*Vous **êtes** davantage en mesure d'évoluer dans le monde du travail lorsque vous pouvez :*

Communiquer

- Lire et comprendre l'information.
- Écrire et parler afin de favoriser l'écoute et la compréhension d'autres personnes.
- Écouter et poser des questions.
- Partager l'information.

Gérer l'information

- Organiser l'information en utilisant les systèmes appropriés.
- Appliquer les connaissances et les compétences de diverses disciplines (p. ex. : les arts, les langues, la science,…).

Utiliser les chiffres

- Décider ce qui doit être mesuré ou calculé.
- Observer et sauvegarder l'information.
- Faire des estimations et vérifier les calculs.

Réfléchir et résoudre des problèmes

- Évaluer des situations et cerner les problèmes.
- Évaluer divers points de vue.
- Déterminer la source d'un problème.
- Être créatif dans la recherche de solutions.

Les compétences personnelles en gestion

Les compétences, les attitudes et les comportements qui favorisent le potentiel de croissance.

Vous pouvez accroître vos chances de réussite lorsque vous pouvez :

Démontrer des attitudes et des comportements positifs

- Bien vous sentir dans votre peau et être confiant.
- Aborder les personnes de façon honnête.
- Prioriser votre santé.
- Manifester de l'intérêt, faire preuve d'initiative et fournir des efforts.

Être responsable

- Fixer des buts et des priorités tout en maintenant un équilibre entre le travail et la vie personnelle.
- Planifier et gérer votre temps et votre argent afin d'atteindre vos buts.
- Évaluer et gérer le risque.
- Contribuer au bien-être de la communauté.

Être souple

- Travailler de façon autonome ou en équipe.
- Effectuer des tâches multiples.
- Être ouvert et réagir de façon positive au changement.

Apprendre constamment

- Évaluer vos forces personnelles et déterminer les points à améliorer.
- Fixer vos propres objectifs d'apprentissage.

Travailler en sécurité

- Connaître les pratiques et les procédures de santé personnelle et collective, et agir en conséquence.

Les compétences pour le travail d'équipe

Les compétences et les qualités nécessaires pour contribuer de façon productive

Vous êtes plus apte à améliorer les résultats d'un travail, d'un projet ou de la performance d'une équipe lorsque vous pouvez :

Travailler avec d'autres

- Être souple.
- Reconnaître et respecter la diversité des perspectives dans un groupe.
- Recevoir et donner de la rétroaction de façon constructive et respectueuse.
- Contribuer au succès de l'équipe en partageant l'information et son expertise.

Participer aux projets et aux tâches

- Planifier et concevoir un projet ou une tâche, du début à la fin.
- Travailler selon les normes de qualité établies.
- Choisir et utiliser les outils et la technologie qui conviennent à une tâche ou à un projet.

Source : Employability Skills 2000+. Brochure 2000 E/F. (Ottawa: The Conference Board of Canada, 2000)

Les qualités et les défauts

EXERCICE 11 Selon vous, quelles sont les trois plus importantes compétences d'employabilité pour les métiers ou les professions mentionnés ci-dessous ? Choisissez des compétences mentionnées dans le texte « Compétences relatives à l'employabilité 2000 + ».

Pour être...	**il faut avoir les compétences suivantes :**
1. vendeur ou vendeuse	
2. directeur du crédit ou directrice du crédit	
3. infirmier ou infirmière	
4. programmeur ou programmeuse	
5. journaliste	

Le verbe **falloir** au subjonctif présent

 OBSERVEZ

Céline est représentante pour une compagnie d'assurances. Elle est un peu trop timide et elle devient très nerveuse quand elle doit rencontrer un nouveau client. Son amie lui dit :

L'enseignant dit à ses étudiants :

Pendant une réunion, les employés d'une agence de publicité disent :

Quelques minutes avant une entrevue pour un nouvel emploi, Marie se dit :

Les qualités et les défauts

Le verbe impersonnel **falloir** peut être utilisé de deux façons.

1. **Falloir** peut être suivi d'un verbe à l'infinitif.

   Exemples : Il faut **être** poli.
   Il faut **avoir** de la volonté.
   Il faut **étudier.**

2. **Falloir** peut être suivi de **que** + un verbe conjugué au **subjonctif.**

Être

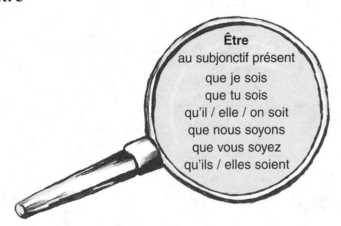

Être
au subjonctif présent
que je sois
que tu sois
qu'il / elle / on soit
que nous soyons
que vous soyez
qu'ils / elles soient

Le subjonctif présent
Voir les Références grammaticales, pages 259 à 261.

EXERCICE 12 Dans le métier ou la profession que vous exercez, nommez trois qualités que vous avez et qui sont très importantes ; puis, nommez trois défauts qu'il ne faut pas avoir dans votre travail.

1. Dans mon travail, il faut que je sois :

   • _____

   • _____

   • _____

2. Dans mon travail, il ne faut pas que je sois :

   • _____

   • _____

   • _____

EXERCICE 13 Écrivez des phrases en utilisant le subjonctif présent.
N'oubliez pas d'accorder les adjectifs.

Exemple : (tu / être) très honnête avec les gens
        Il faut que tu sois très honnête avec les gens.

1. (nous / être) très compréhensif avec les enfants

_____

2. (vous / être) très poli avec les clients

_____

3. (nous / être) plus attentif en classe

_____

4. (ils / être) plus studieux

_____

5. (je / être) plus patient

_____

6. (tu / être) très prudent sur la route

_____

7. (elles / être) très alerte dans des situations d'urgence

_____

8. (il / être) très créatif pour réaliser de belles annonces publicitaires

_____

EXERCICE 14 Dans les phrases suivantes, encerclez les syllabes des mots
qui contiennent le son **y** (comme dans **vu**).

1. Vous lui avez parlé du problème.
2. Elle s'est fixé un but intéressant.
3. Ces personnes donnent généreusement à cet organisme sans but lucratif.
4. Les étudiants n'ont plus de cours de musique.
5. Il est têtu, mais il travaille très bien sous pression.
6. Nous n'avons pas voulu répondre au questionnaire.
7. Même si tu es très occupé, tu trouves toujours le temps de nous écouter.
8. J'ai reçu une plainte d'un client qui était très déçu du service à la clientèle.

Les qualités et les défauts

EXERCICE 15 Lisez attentivement.

Il faut que...

« Il faut que... » est une expression que nous entendons souvent durant notre vie.

Quand nous sommes petits, nos parents nous disent : « Il faut que tu sois gentil avec tes frères et tes sœurs. » « Il faut que tu sois poli avec les grandes personnes. » « Il faut que tu sois honnête dans la vie. » « Il faut que tu sois sage pendant notre absence. » Les enseignants nous disent : « Il faut que tu sois plus studieux. » « Il faut que tu sois plus attentif. » « Il faut que tu sois moins turbulent dans la classe. »

Quand nous sommes adolescents, nos parents nous disent : « Il faut que tu sois plus sérieux dans tes études. » « Il faut que tu sois prudent quand tu sors avec tes amis. » « Il faut que tu sois sportif si tu veux être en forme. » Nos amis nous disent : « Il faut que tu sois moins timide si tu veux rencontrer de nouveaux amis. » « Il faut que tu sois moins obéissant si tu veux être respecté. »

Quand nous sommes adultes, notre conjoint, nos amis, nos collègues de travail nous disent : « Il faut que tu sois optimiste si tu veux réussir. » « Il faut que tu sois plus compréhensif avec tes enfants. » « Il faut que tu sois ponctuel quand tu as des rendez-vous. » « Il faut que tu sois moins têtu pendant les discussions. » « Il faut que tu sois plus aimable avec les clients. » « Il faut que tu sois dynamique si tu veux obtenir une promotion. »

Quand nous sommes retraités, nos enfants et nos amis nous disent : « Il faut que tu sois plus raisonnable dans tes activités. » « Il faut que tu sois plus prudent quand tu fais du sport. » « Il faut que tu sois actif si tu veux rester en forme. » « Il faut que tu sois moins exigeant envers toi-même. »

En résumé, il faut que nous soyons parfaits si nous ne voulons pas que les gens nous disent : « Il faut que... »

Répondez aux questions sur le texte.

1. Voici des adjectifs qualificatifs. Cherchez, dans le texte, les adjectifs qui signifient le contraire.

   a) imprudent : _____

   b) malhonnête : _____

   c) pessimiste : _____

   d) tannant : _____

   e) bête : _____

   f) tranquille : _____

   g) méchant : _____

   h) impoli : _____

   i) distrait : _____

2. Écrivez les adjectifs suivants au féminin.

a) gentil : _____

b) poli : _____

c) studieux : _____

d) attentif : _____

e) turbulent : _____

f) sportif : _____

g) obéissant : _____

h) têtu : _____

i) prudent : _____

3. Dans le texte, qui dit qu'il faut être honnête dans la vie ?

_____

4. Dans le texte, la vie est divisée en combien de stades ? Nommez-les.

_____

_____

5. D'après le texte, comment faut-il que nous soyons si nous ne voulons pas que les gens nous disent : « Il faut que… » ?

_____

6. Dans le texte, on trouve souvent des phrases qui débutent par : « Il faut que tu sois… » Quel est l'infinitif du verbe « sois » ?

_____

7. Dans le texte, trouvez trois recommandations que vous jugez importantes et pertinentes dans votre vie personnelle.

_____

_____

_____

AUTOÉVALUATION

	Réponses possibles			
	1 Très bien	**2** Bien	**3** Pas assez	**4** Pas du tout
VOCABULAIRE				
Je connais des adjectifs qualifiant des personnes.				
Je connais des membres de la famille.				
Je connais des phrases de remerciements et de compliments.				
Je connais des termes relatifs aux compétences utiles sur le marché du travail.				
ÉLÉMENTS À L'ÉTUDE DANS LE THÈME				
Je fais des efforts pour bien mettre les noms et les adjectifs au masculin et au féminin.				
Je peux faire des comparaisons avec des adjectifs (**plus... que, moins... que, aussi... que**).				
Je connais les pronoms compléments indirects et je comprends leur fonction.				
Je connais le verbe **être** à l'imparfait.				
Je connais **il faut que...** suivi du verbe **être** au subjonctif présent.				
PARTICIPATION				
J'ai mémorisé des adjectifs qualificatifs.				
J'ai appris des phrases clés pour remercier une personne ou pour lui faire un compliment.				
J'ai fait les exercices écrits.				
J'ai utilisé le dictionnaire pour vérifier le sens de certains adjectifs.				
J'ai participé activement aux activités proposées en classe.				
J'ai été attentif(ive) aux corrections que l'enseignant(e) a proposées.				
J'ai écouté attentivement les autres.				
J'ai pratiqué mon français en dehors des cours.				
J'apprécie mes progrès et j'ai une attitude positive.				

LA MÉTÉO

Révision du contenu de niveau débutant

- les conditions météorologiques
- les 12 mois de l'année
- les verbes **faire, pleuvoir** et **venter** au présent, au passé composé et au futur proche
- le verbe **avoir** au présent, au passé composé et au futur proche : **avoir chaud, avoir froid**
- **il fait...** suivi du nombre de degrés (pour dire la température)

Vocabulaire à l'étude

- les conditions météorologiques
- les termes relatifs à la description du temps
- des réactions du corps selon les conditions météorologiques
- les corvées saisonnières
- les termes techniques relatifs à un produit (un climatiseur)

Éléments grammaticaux

- les adverbes de quantité : **très, trop, fort, un peu, beaucoup**
- la proposition conditionnelle avec **si** (présent et futur simple)

Verbes

- les verbes impersonnels au présent, au passé composé, à l'imparfait, au futur proche et au futur simple : **faire, pleuvoir, neiger, venter**
- la formation du futur simple
- l'imparfait dans la description
- l'imparfait et le passé composé dans une même phrase

Situations de communication ciblées

- informer d'un retard
- demander une permission
- reporter un rendez-vous
- s'informer sur un produit (lire et comprendre la fiche descriptive d'un produit)
- informer sur un produit (la vente d'un appareil)
- répondre aux questions d'un client
- raconter un fait vécu en décrivant des circonstances particulières (les conditions météorologiques)

RÉVISION

Faites les exercices suivants.

1. Quel temps fait-il ?

a) Il _____.

b) Il _____.

c) Il _____.

d) Il _____.

2. Nommez les 12 mois de l'année.

_____   _____   _____

_____   _____   _____

_____   _____   _____

_____   _____   _____

3. Conjuguez aux temps demandés et selon les modèles donnés.

| Passé | Présent | Futur |

Hier,... **Aujourd'hui,...** **Demain,...**

a) il _____. il fait beau. b) il _____.

(passé composé) (présent) (futur proche)

c) il _____. d) il _____. il ne va pas pleuvoir.

(passé composé) (présent) (futur proche)

a-t-il venté ? e) _____ f) _____

(passé composé) (présent) (futur proche)

4. Formulez des questions.

Exemple : (tu / avoir chaud / présent)
— As-tu chaud ?

a) (vous / avoir chaud / présent)

_____

b) (tu / avoir froid / passé composé)

_____

c) (il / avoir froid / futur proche)

_____

5. Répondez à la question et écrivez les nombres en lettres.

Exemple : 5 : Il fait cinq degrés.

Combien fait-il ?

a) 12 : _____

b) –26 : _____

c) 18 : _____

d) 34 : _____

La météo

PARLONS DE LA PLUIE ET DU BEAU TEMPS

Le temps qu'il fait est un sujet de conversation très populaire.
À la maison, au bureau, dans la rue, tout le monde parle du temps.

Le temps est pluvieux.

Le temps est brumeux.

Le temps est orageux.

Il fait une chaleur étouffante.

Il fait un froid de canard.

Il pleut à boire debout.

Le temps est couvert.

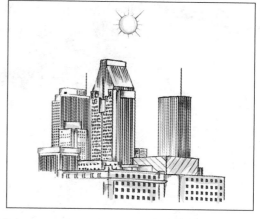

Le temps s'éclaircit.

Il grêle.

Le vent tourne.

Elle prend un bain de soleil.

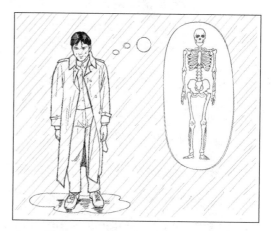

Il est trempé jusqu'aux os.

La météo

EXERCICE 1 Lisez attentivement. Assurez-vous que vous comprenez bien le sens des mots écrits en caractères gras.

Le bulletin météorologique

Diane et Louis sont à la maison.

Diane. — Louis, as-tu écouté **la météo** à la radio ?

Louis. — Oui.

Diane. — Qu'est-ce qu'on annonce ?

Louis. — **On annonce du beau temps** pour demain matin, mais on dit que **le temps va se couvrir** dans l'après-midi et qu'**il y a 70 pour cent de probabilités d'averses.**

Diane. — Ce n'est pas fantastique comme **météo** ! Je pense que je vais faire mon jogging demain matin.

Louis. — Oui, c'est préférable. Si tu fais ton jogging dans l'après-midi, tu risques d'**être trempée jusqu'aux os** !

Encerclez les bonnes réponses.

1. Diane et Louis sont...
   a) au bureau.
   b) au magasin.
   c) au cinéma.
   d) à la maison.

2. Comment Louis sait-il le temps qu'il va faire ?
   a) Il a lu le journal.
   b) Il a écouté la radio.
   c) Il a regardé la télévision.
   d) Il est météorologue.

3. Selon Louis, quand va-t-il faire beau ?

   a) Il va faire beau le matin.
   b) Il va faire beau l'après-midi.
   c) Il va faire beau toute la journée.
   d) Il va faire beau le soir.

4. Quel est le contraire de l'expression **le temps se couvre** ?

   a) Le temps s'ennuage.
   b) Le temps s'éclaircit.
   c) Le temps est brumeux.
   d) Il fait froid.

5. En pourcentage, quelles sont les probabilités d'averses ?

   a) Il y a 70 pour cent de probabilités d'averses.
   b) Il y a 75 pour cent de probabilités d'averses.
   c) Il y a 90 pour cent de probabilités d'averses.
   d) Il y a 10 pour cent de probabilités d'averses.

6. Que va faire Diane demain matin ?

   a) Elle va faire son lavage.
   b) Elle va jouer au golf.
   c) Elle va faire son jogging.
   d) Elle va écouter la météo.

7. Que veut dire l'expression **être trempé jusqu'aux os** ?

   a) Cette expression veut dire qu'une personne est très maigre.
   b) Cette expression veut dire qu'une personne est stupide.
   c) Cette expression veut dire qu'une personne n'aime pas l'eau.
   d) Cette expression veut dire qu'une personne a été longtemps sous la pluie et que ses vêtements sont imbibés d'eau.

La météo

EXERCICE 2   Lisez attentivement. Assurez-vous que vous comprenez bien le sens des mots écrits en caractères gras.

La tempête de neige

Jean-Marc arrive au bureau et il parle avec Éloïse, la secrétaire.

Jean-Marc.	— **Quel temps horrible!** Les routes sont bloquées partout!
Éloïse.	— Oui, **c'est toute une tempête de neige**! Ça m'a pris une heure et demie pour venir au bureau. Habituellement, ça me prend 30 minutes.
Jean-Marc.	— Où as-tu garé ta voiture?
Éloïse.	— J'ai dû garer ma voiture à six rues d'ici. En plus, **les trottoirs ne sont pas encore déneigés.**
Jean-Marc.	— C'est incroyable! À la radio, on a dit qu'**il est tombé 25 centimètres de neige.**
Éloïse.	— Oui, et ce n'est pas fini! **On annonce encore 5 centimètres de neige** aujourd'hui.
Jean-Marc.	— Paul n'est pas encore arrivé au bureau?
Éloïse.	— Non. Il a appelé pour dire qu'il va être en retard. **Il doit pelleter la neige** dans son entrée. Je pense que la journée va être très tranquille au bureau.

Répondez aux questions.

1. Quelle phrase du texte montre que Jean-Marc n'apprécie pas la tempête de neige?

   _____

2. a) Pourquoi a-t-il fallu plus de temps à Éloïse pour se rendre au bureau?

   _____

   b) Nommez des facteurs qui peuvent expliquer ce retard (même si ces facteurs ne sont pas mentionnés dans le texte, on peut imaginer les raisons de son retard).

   _____

3. Combien prévoit-on de centimètres de neige au total?

   _____

4. Dans le texte, le pronom « on » remplace qui?

   _____

EXERCICE 3 Écrivez quelques phrases que vous pourriez utiliser dans les situations décrites ci-dessous. Vous pouvez aussi composer un dialogue entre votre interlocuteur et vous.

a) Une tempête de neige vous empêche d'arriver à l'heure à votre rendez-vous chez un client. Vous devez mentionner les éléments suivants :

- la cause de votre retard ;
- l'heure prévue de votre arrivée ;
- une phrase pour vous excuser de votre retard.

b) C'est l'été et il fait 33 degrés Celsius. C'est le matin et vous décidez de demander à votre supérieur ou supérieure la permission de quitter le bureau vers 15 heures. Votre demande doit comporter les éléments suivants :

- une phrase pour amorcer la conversation ;
- la raison pour laquelle vous désirez partir ;
- l'heure à laquelle vous souhaitez partir.

c) Vous travaillez dans un bureau. Demain, vous devez avoir une entrevue avec une candidate à un poste dans votre entreprise. Cependant, le bulletin météorologique prévoit des orages violents au cours de la journée. Vous appelez la candidate pour reporter l'entrevue. Vous devez mentionner les éléments suivants :

- une phrase pour amorcer la conversation ;
- la raison pour laquelle vous reportez le rendez-vous ;
- une nouvelle date de rencontre (en précisant le jour et l'heure).

📖 **LE SENS DES MOTS**

Le suffixe **-eux** (**-euse**) sert à former de nombreux adjectifs. Ce suffixe peut, entre autres, signifier « qui présente, qui possède ». Par exemple, un temps orageux est un temps qui annonce un orage.

Formez les adjectifs à partir des noms suivants.

Il y a du **vent.** Le temps est _____.

Il y a de la **pluie.** Le temps est _____.

Il y a des **nuages.** Le temps est _____.

Il y a de la **brume.** Le temps est _____.

La météo

Très, trop, fort, un peu, beaucoup

Lisez attentivement.

Il neige.

Il neige **un peu.**   Il neige **beaucoup.**   Il neige **fort.**   Il neige **très fort.**

Il fait chaud.

Il fait chaud.   Il fait **très** chaud.   Il fait **trop** chaud.

Il fait froid.

Il fait froid.   Il fait **très** froid.   Il fait **trop** froid.

Il vente.

Il vente **un peu.**   Il vente **fort.**   Il vente **très fort.**

Il pleut.

Il pleut **un peu.**   Il pleut **beaucoup.**   Il pleut **fort.**   Il pleut **très fort.**

Les adverbes **très, trop, fort, un peu** et **beaucoup** permettent de préciser la **quantité.**
Les combinaisons possibles sont :

- fort
- très fort
- un peu trop fort
- un peu
- un peu trop
- beaucoup trop
- trop fort
- beaucoup trop fort

La météo

EXERCICE 4 Cherchez, dans la liste ci-dessous, l'expression appropriée et conjuguez le verbe à la personne demandée.

être gelé – crever de chaleur – grelotter – suer – avoir la chair de poule

1. J'ai très froid.

   Je _____.

2. On a extrêmement chaud.

   On _____.

3. Il tremble de froid.

   Il _____.

4. Elle a froid et sa peau réagit.

   Elle _____.

5. Tu as chaud et l'eau coule sur ton front.

   Tu _____.

LES ACTIVITÉS SAISONNIÈRES

EXERCICE 5 Écrivez chaque affirmation sous la saison correspondante.

Affirmations

Les bourgeons éclatent.
La neige fond.
La neige tombe.
Les feuilles tombent.
On pellette de la neige.
Il y a des vagues de grande chaleur.
On ramasse des feuilles.
On prend des bains de soleil.

On bronze.
Les routes sont glacées.
On déneige l'automobile.
C'est la période du dégel.
On vide la piscine.
On plante des fleurs.
On ferme le chalet d'été.
On tond le gazon régulièrement.

Le printemps	**L'été**
_____	_____
_____	_____
_____	_____
_____	_____

L'automne	L'hiver

EXERCICE 6 Imaginez que vous travaillez dans un magasin à grande surface. Vous êtes préposé ou préposée à la clientèle au rayon des climatiseurs. Lisez attentivement la fiche descriptive du climatiseur Vol-au-vent. Ensuite, répondez aux huit questions du client comme si vous lui parliez.

Fiche descriptive du climatiseur Vol-au-vent

Prix courant : 450,95 $

Rabais de 150 $ cette semaine

- 6000 BTU

Pour refroidir une pièce de 18 m² (200 pi²)

- Taux de rendement énergétique (EER) : 10,7
- Ventilateur à 3 vitesses
- Télécommande
- Minuterie

    Elle permet de programmer le climatiseur pour qu'il fonctionne à des moments précis de la journée.

- Filtre facile à enlever et à nettoyer
- Poids : 21 kg (47 lb)
- Dimensions minimum de la fenêtre : 54 cm ($21\frac{1}{2}$ po) de largeur et 34 cm ($13\frac{1}{2}$ po) de hauteur
- Peut être monté sur une fenêtre à guillotine, coulissante ou à battants.
- Garantie d'un an sur les pièces

Renseignements supplémentaires

- Si on choisit un modèle trop puissant, l'atmosphère devient humide et froide plutôt que fraîche et plaisante. Si on choisit un modèle qui nest pas assez puissant, l'appareil devra fonctionner continuellement sans jamais bien rafraîchir la pièce.
- Le BTU est l'abréviation de *British Thermal Unit*. C'est une unité d'énergie. Elle exprime la quantité de chaleur nécessaire pour élever la température d'une livre anglaise d'eau d'un degré Fahrenheit.
- En moyenne, il faut une puissance de 20 BTU pour chaque 0,30 m² (1 pi²) habitable.
- Le taux de rendement énergétique indique le rapport entre la capacité de refroidissement en BTU par heure et la puissance requise en watts. Plus le taux est élevé, plus le climatiseur est efficace.

La météo

Les questions du client

1. Bonjour. Je suis intéressé par ce climatiseur Vol-au-vent. Il est en solde, n'est-ce pas ?

   _____

2. Ma chambre a 17 m² et je me demandais comment faire pour calculer le nombre de BTU qu'il faut pour refroidir la pièce.

   _____

   _____

   _____

3. Dans ma chambre, j'ai une fenêtre à battants. Je voudrais savoir si je peux installer ce climatiseur dans ce type de fenêtre.

   _____

   _____

4. Ma fenêtre a 55 cm de largeur. Est-ce que c'est suffisant ?

   _____

5. Sur la boîte, c'est écrit que l'appareil a une minuterie. À quoi ça sert ?

   _____

   _____

6. Le Vol-au-vent a un taux de rendement énergétique de 10,7. Est-ce que c'est meilleur que l'autre modèle de climatiseur, le Frisson, qui a un taux de rendement énergétique de 8,7 ?

   _____

   _____

   _____

7. Est-ce qu'il y a des pièces que je dois nettoyer dans le climatiseur Vol-au-vent ?

   _____

   _____

8. Est-ce qu'il y a une garantie pour ce climatiseur ?

   _____

   _____

LES VERBES IMPERSONNELS

Faire beau, pleuvoir, neiger, venter au passé, au présent et au futur

	Passé	Présent	Futur	
Passé composé	Il a fait beau.	Il fait beau.	Il va faire beau.	**Futur proche**
Imparfait	Il faisait beau.		Il fera beau.	**Futur simple**
Passé composé	Il a plu.	Il pleut.	Il va pleuvoir.	**Futur proche**
Imparfait	Il pleuvait.		Il pleuvra.	**Futur simple**
Passé composé	Il a neigé.	Il neige.	Il va neiger.	**Futur proche**
Imparfait	Il neigeait.		Il neigera.	**Futur simple**
Passé composé	Il a venté.	Il vente.	Il va venter.	**Futur proche**
Imparfait	Il ventait.		Il ventera.	**Futur simple**

LE FUTUR SIMPLE

Comme son nom l'indique, le futur simple est un temps qui situe une action dans l'avenir. Dans la conversation, on utilise souvent le futur proche. Cependant, on utilise fréquemment le futur simple à l'écrit (dans les journaux, les livres, les documents,…).

Comment forme-t-on le futur simple ?

Pour les verbes du 1er groupe, vous pouvez prendre le **verbe à la 1re personne du singulier au présent de l'indicatif** et ajouter la désinence du futur simple.

	singulier	pluriel
1re personne	-rai	-rons
2e personne	-ras	-rez
3e personne	-ra	-ront

La météo

Exemple: **parler**

Parler au présent: **1re personne du singulier** + désinence du futur simple → verbe conjugué au futur simple

je parle	rai	parlerai
tu parle	ras	parleras
il / elle / on parle	ra	parlera
nous parle	rons	parlerons
vous parle	rez	parlerez
ils / elles parle	ront	parleront

Pour les verbes réguliers du 2e groupe et du 3e groupe: étant donné que ces verbes ont une finale orale en **r,** vous pouvez prendre le verbe à l'infinitif et ajouter la désinence du futur simple (avec le **-r** en moins). Si le verbe se termine par **e** à l'infinitif (à l'écrit), vous devez supprimer le **e.**

Exemple: **partir**

infinitif du verbe + désinence → verbe conjugué

je partir	ai	partirai
tu partir	as	partiras
il / elle / on partir	a	partira
nous partir	ons	partirons
vous partir	ez	partirez
ils / elles partir	ont	partiront

Exemple: **prendre**

infinitif du verbe + désinence → verbe conjugué

je prendr	ai	prendrai
tu prendr	as	prendras
il / elle / on prendr	a	prendra
nous prendr	ons	prendrons
vous prendr	ez	prendrez
ils / elles prendr	ont	prendront

Avoir, être, faire, aller au futur simple

Quatre verbes irréguliers à mémoriser.

Avoir
j'aurai
tu auras
il / elle / on aura
nous aurons
vous aurez
ils / elles auront

Être
je serai
tu seras
il / elle / on sera
nous serons
vous serez
ils / elles seront

Faire
je ferai
tu feras
il / elle / on fera
nous ferons
vous ferez
ils / elles feront

Aller
j'irai
tu iras
il / elle / on ira
nous irons
vous irez
ils / elles iront

La météo

 NOTEZ

À l'oral, la terminaison **ai** de la 1re personne du singulier au futur simple se prononce **e** (comme dans **dé**).

 Le futur simple

Voir les Références grammaticales, pages 257 et 258.

EXERCICE 7   Conjuguez les verbes du 1er groupe au futur simple.

Démarche possible : le **verbe au présent à la 1re personne du singulier** ou à la 3e personne du singulier pour les verbes impersonnels + la désinence du futur simple.

Exemples : (ramasser) Au présent : je ramasse, donc au futur simple : je ramasserai.
            (venter) Au présent : il vente, donc au futur simple : il ventera.

1. J'espère qu'il (neiger) _____ souvent l'hiver prochain.

2. Nous (ramasser) _____ des feuilles quand il ne (venter) _____ pas.

3. Le temps (s'ennuager) _____ au cours de la fin de semaine.

4. Selon le bulletin météorologique, il ne (grêler) _____ pas ici.

5. Les météorologues prévoient qu'il (tomber) _____ beaucoup de neige cet hiver.

6. Après le souper, vous (pelleter) _____ la neige devant la maison.

7. Elle (déneiger) _____ son automobile demain matin.

8. Il (acheter) _____ de nouvelles décorations extérieures pour le temps des Fêtes.

9. Je (nettoyer) _____ le garage au printemps prochain.

10. Tu (fermer) _____ le chalet dans un mois.

EXERCICE 8   Conjuguez les verbes des 2e et 3e groupes au futur simple.

Démarche possible : l'infinitif du verbe + la désinence du futur simple. Si le verbe à l'infinitif se termine par **e,** n'oubliez pas de le supprimer.

1. Il (prendre) _____ des vacances l'été prochain.

2. Vous (dire) _____ aux autres étudiants qu'on annonce une tempête de neige.

3. Nous (partir) _____ dans le Sud au mois de novembre.

4. Je (vendre) _____ ma motoneige au printemps prochain.

5. Tu (finir) _____ l'aménagement paysager au mois de juin.

6. Ils (couvrir) _____ les meubles de jardin pendant l'hiver.

La proposition conditionnelle avec **si** au présent

OBSERVEZ

S'il **fait** beau, j'**irai** dehors.
↓ ↓
présent futur simple*

S'il ne **fait** pas beau, je **resterai** à la maison.
↓ ↓
présent futur simple

S'il **neige**, il **pellettera** son entrée.
↓ ↓
présent futur simple

S'il ne **vente** pas, nous **jouerons** au badminton.
↓ ↓
présent futur simple

Dans la proposition qui commence par **si** → utilisation du **présent**

Dans l'autre proposition → utilisation du **futur simple** ou du **futur proche**

* Dans chacun des cas, on pourrait aussi utiliser le **futur proche**.
Exemple : S'il neige, il **va pelleter** son entrée.

EXERCICE 9 Complétez les phrases suivantes en utilisant la proposition conditionnelle avec **si** au présent.

1. S'il (pleuvoir) _____, ils (aller) _____ magasiner.

2. S'il (venter) _____, elle (faire) _____ de la planche à voile.

3. Si le temps (s'éclaircir) _____, nous (souper) _____ dehors.

4. S'il (neiger) _____, elles (faire) _____ du ski.

5. S'il (faire) _____ froid, nous (rester) _____ à la maison.

6. S'il (faire) _____ beau, nous (faire) _____ un barbecue.

7. S'il (neiger) _____, les enfants (jouer) _____ *joueront* _____ dehors.

8. S'il (pleuvoir) _____, je (mettre) _____ *mettrai* _____ mon imperméable.

9. S'il (faire) _____ chaud, nous (allons) _____ à la plage.

10. S'il (faire) _____ très froid, ils (s'habiller) _____ *s'habilleront* _____ chaudement.

EXERCICE 10 Complétez chaque phrase en utilisant la proposition conditionnelle avec **si** au présent.

Exemple : Si le barbecue n'est pas entreposé pendant l'hiver,
il ne **fonctionnera** plus très bien l'été suivant.

1. S'il vente trop fort et que l'abri d'auto temporaire est mal fixé,

_____.

2. Si vous n'entreposez pas la tondeuse pendant l'hiver,

_____.

3. Si vous n'avez pas de pneus d'hiver sur votre voiture entre les mois de novembre et avril,

_____.

4. Si le soleil est très fort et qu'une personne demeure très longtemps dehors,

_____.

5. Si une personne oublie de monter la vitre de sa voiture et qu'il pleut très fort,

_____.

6. Si vous attendez au mois de juillet pour suspendre les cabanes à oiseaux dans votre jardin,

_____.

EXERCICE 11 Dans la liste ci-dessous, encerclez les mots qui **n'ont pas** une finale qui se prononce **e** (comme dans **dé**).

été – hiver – regarderai – et – frais – venter – très – ventait – écouté – dernier

L'UTILISATION DE L'IMPARFAIT

Quand on parle des conditions météorologiques, l'imparfait est utile pour indiquer le temps qu'il fait au moment où se déroule l'évènement passé que l'on raconte.

Exemples : Il **faisait** très froid **quand** nous sommes allés en skis.

Il **pleuvait quand** elles sont allées au magasin.

Il **neigeait quand** je me suis réveillé.

Il **ventait quand** ils sont partis.

Nous sommes restés à la maison **parce qu'**il **faisait** froid.

Je suis allé au cinéma **parce qu'**il **pleuvait**.

Les enfants ont joué dehors **parce qu'**il **neigeait**.

Ils n'ont pas joué au badminton **parce qu'**il **ventait**.

EXERCICE 12 Conjuguez les verbes aux temps appropriés (imparfait ou passé composé).

1. Nous (avoir) _____ une panne d'électricité parce qu'il (venter) _____ très fort.

2. Il (faire chaud) _____ quand nous (aller) _____ au marché ce matin.

3. Il (faire soleil) _____ quand elles (partir) _____, mais il (pleuvoir) _____ quand elles (revenir) _____.

4. Il (neiger) _____ un peu quand je (se coucher) _____ hier soir.

5. Elles (faire) _____ de la planche à voile parce qu'il (venter) _____.

6. Il (ne pas venir) _____ parce qu'il (faire froid) _____.

7. Je (rester) _____ à la maison parce qu'il (neiger) _____ trop fort.

8. L'été dernier, ils (se baigner) _____ uniquement trois fois parce qu'il (faire froid) _____.

EXERCICE 13 Lisez attentivement le texte. Soulignez les verbes qui sont conjugués au passé composé et encerclez les verbes qui sont conjugués à l'imparfait.

Des vacances mémorables

L'été passé, durant nos vacances, mon mari, mes enfants et moi avons décidé de partir quelques jours à la campagne pour faire du camping. Les deux premiers jours, il faisait très beau. Le ciel était bleu, le soleil brillait et il faisait très chaud. La deuxième nuit, il faisait tellement chaud que nous avons dormi à la belle étoile. Le temps était parfait ! Cependant, le troisième soir, nous avons rapidement compris que le paradis n'existe pas sur terre…

Tout a commencé vers sept heures du soir. Le ciel s'est couvert, le temps est devenu gris et le vent s'est levé. Puis, vers huit heures, la pluie a commencé à tomber. Nous avons rangé toutes nos choses dans la tente et nous nous sommes couchés. Vers neuf heures, il pleuvait très fort. L'eau a commencé à s'infiltrer dans notre tente. Puis, l'orage a éclaté ! Les éclairs illuminaient le ciel et le tonnerre faisait trembler la terre. Il ventait si fort que nous avons eu peur de nous envoler.

Après une bonne heure de ce spectacle son et lumière, le temps est redevenu calme. La pluie a cessé, le vent est tombé et le ciel s'est dégagé. Mon mari et moi sommes sortis pour constater les dommages. Nous avons vu des branches d'arbres partout sur le sol et, à quelques mètres de notre tente, nous avons vu deux arbres déracinés. Nous avons passé une bonne partie de la nuit à tout nettoyer et nous sommes allés dormir dans l'automobile.

Le lendemain matin, nous avons décidé de rentrer à la maison. Je n'ai pas besoin de vous dire que depuis cette aventure, le camping n'est plus une activité très populaire dans notre famille !

EXERCICE 14 En quelques lignes, racontez un évènement que vous avez vécu et qui a un lien avec la météo (une tempête qui vous a fait peur, un voyage dans des conditions météorologiques difficiles, etc.). Faites attention à l'utilisation du passé composé et de l'imparfait dans votre description.

EXERCICE 15 Lisez attentivement.

L'isolation de votre maison

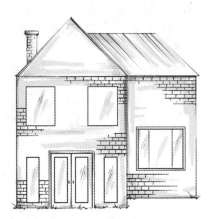

Même si les générations antérieures s'accommodaient de maisons peu isolées, la plupart des gens, de nos jours, souhaitent habiter des maisons confortables et chaudes. Aujourd'hui, une maison saine doit être étanche à l'air, bien isolée et bien ventilée.

Bien isoler une maison, c'est un peu comme se vêtir en fonction des conditions climatiques. Un chandail de laine vous gardera au chaud en l'absence de vent et de pluie. Par temps venteux ou pluvieux, il faudra recouvrir le lainage d'une enveloppe de nylon afin de demeurer au chaud et au sec. Il en va de même pour une maison. Sur son enveloppe extérieure, tout juste sous la brique ou le bardage, on trouve un pare-air qui joue le même rôle que le nylon : empêcher le vent de traverser la paroi. Viennent ensuite l'isolant (votre chandail) et le pare-vapeur. Ce dernier empêche l'humidité d'atteindre la structure, où elle pourrait causer des dommages.

Les signes d'une mauvaise isolation

En hiver
- Les murs sont froids au toucher.
- Les planchers sont froids.
- Les frais de chauffage sont élevés.
- La chaleur n'est pas répartie uniformément dans toute la maison.
- Des moisissures prolifèrent sur les murs.

En été
- L'air est trop chaud à l'intérieur.
- Les frais de climatisation sont élevés.
- Le climatiseur est inefficace.
- Des moisissures apparaissent au sous-sol.

Source : Société canadienne d'hypothèques et de logement (SCHL). *L'isolation de votre maison*, [en ligne], 2008, www.cmhc-schl.gc.ca/fr/co/enlo/efenreco/enenreco_002.cfm (page consultée le 22 avril 2008).

Répondez aux questions sur le texte.

1. Selon vous, pourquoi les générations antérieures s'accommodaient-elles de maisons peu isolées ?

   _____

2. De nos jours, quelles sont les trois caractéristiques d'une maison saine ?

   _____

   _____

   _____

3. Dans le texte, à quoi compare-t-on une maison pour expliquer les étapes d'isolation ?

   _____

4. Dans la construction d'une maison, quelle est la différence entre le pare-air et le pare-vapeur ?

   _____

5. Parmi les signes d'une mauvaise isolation, quel est le signe mentionné dans le texte qu'on peut voir apparaître l'hiver et l'été ?

   _____

6. Dans le texte, cherchez les deux adjectifs qui sont en lien avec le vent et la pluie.

   _____

   _____

7. Dans le texte, cherchez les deux verbes qui sont conjugués au futur simple.

   _____

   _____

8. Dans le texte, cherchez des adjectifs qui correspondent aux définitions suivantes.

   a) Qui ne produit pas l'effet souhaité : _____

   b) Qui contribue à la bonne santé : _____

   c) Qui précède dans le temps : _____

   d) Qui est situé en dehors de quelque chose : _____

   e) Qui ne laisse pas passer l'air : _____

La météo

AUTOÉVALUATION

	Réponses possibles			
	1 **Très** **bien**	**2** **Bien**	**3** **Pas** **assez**	**4** **Pas** **du tout**
VOCABULAIRE				
Je connais des termes relatifs à la description du temps.				
Je connais des corvées saisonnières que je dois faire chaque année (tondre le gazon, ramasser les feuilles,…).				
Je connais des termes relatifs à la description d'un appareil de maison (télécommande, minuterie, largeur, hauteur,…).				
ÉLÉMENTS À L'ÉTUDE DANS LE THÈME				
Je connais les adverbes **très, trop, fort, un peu, beaucoup.**				
Je comprends comment former la proposition conditionnelle avec **si** au présent.				
Je peux reconnaître le futur simple.				
Je comprends la différence entre l'imparfait et le passé composé.				
PARTICIPATION				
J'ai fait les exercices écrits.				
J'ai participé activement aux activités proposées en classe.				
J'ai fait des efforts pour pratiquer les situations de communication proposées dans le thème (demander une permission, informer d'un retard,…).				
J'ai fait des efforts pour corriger mes «mauvaises habitudes» quand je parle (corriger des erreurs que je fais souvent).				
J'ai pris des notes pour m'aider à mieux comprendre.				
J'ai pratiqué mon français en dehors des cours.				
J'ai lu des articles en français en dehors des cours (dans Internet, les journaux,…).				
En général, je suis satisfait(e) de mes progrès.				

LES TRANSPORTS

Révision du contenu de niveau débutant
- les parties de l'automobile
- les noms de lieux commerciaux
- les déterminants contractés
- la préposition **en**
- le verbe **aller** au passé composé
- les verbes **reculer, attendre** et **prendre** au présent, au passé composé et au futur proche

Vocabulaire à l'étude
- des adjectifs relatifs aux véhicules
- les véhicules utilitaires et récréatifs
- les signaux routiers
- des termes liés au train, à l'avion et au bateau
- des termes pour expliquer un trajet
- des termes relatifs à des problèmes liés aux moyens de transport

Éléments grammaticaux
- le masculin pluriel des adjectifs se terminant par **-al**
- **il y a** et **il y avait** dans la description
- le pronom **en**

Verbes
- le présent pour marquer un fait habituel
- l'imparfait dans la description
- le passé composé et l'imparfait dans une même phrase

Situations de communication ciblées
- relater des faits
- répondre à un questionnaire
- comprendre des directives pour se rendre à un endroit
- expliquer un trajet
- s'informer d'un trajet
- informer d'un déplacement
- lire et comprendre un texte de 400 mots de nature historique

RÉVISION

1. Complétez les phrases.

   a) Je vais _____ bureau.

   b) Je vais _____ dépanneur.

   c) Je vais _____ pharmacie.

   d) Je vais _____ restaurant.

   e) Je vais _____ banque.

   f) Je vais _____ école.

2. Complétez les phrases.

   a) Il va chez le médecin _____ automobile.

   b) Elle va à l'université _____ autobus.

   c) Ils vont au magasin _____ métro.

   d) Elles vont à la bibliothèque _____ pied.

3. Conjuguez le verbe **aller** au passé composé.

   je _____   nous _____

   tu _____   vous _____

   il _____   ils _____

   elle _____   elles _____

4. Conjuguez les verbes aux temps demandés.

   a) Elle (attendre / présent) _____ l'autobus.

   b) Ils (attendre / présent) _____ le métro.

   c) (prendre / passé composé) _____-tu _____ l'autobus ?

   d) Tu (prendre / futur proche) _____ le train.

   e) L'automobile (reculer / passé composé) _____ .

   f) Elle (revenir / passé composé) _____ à pied.

   g) Il (reculer / passé composé) _____ l'automobile.

   h) Ils (attendre / futur proche) _____ le métro.

5. Nommez les parties de l'automobile.

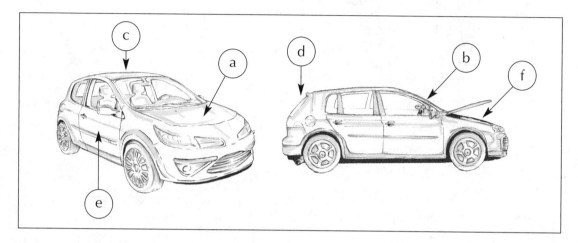

a) _____   d) _____

b) _____   e) _____

c) _____   f) _____

SUR LA TERRE, SUR LA MER, DANS LES AIRS

EXERCICE 1   Complétez les phrases en choisissant un des adjectifs suivants.

Adjectifs

aérien : qui vole dans les airs.

routier : qui roule sur les routes.

nautique : qui est relatif à la navigation de plaisance.

spatial : qui voyage dans l'espace.

tout-terrain : qui peut se déplacer sur divers terrains.

maritime : qui navigue sur la mer.

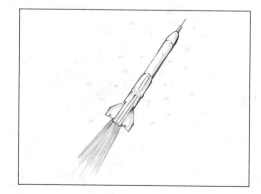

1. La camionnette est un véhicule

_____ .

2. La fusée est un véhicule

_____ .

3. La montgolfière est un véhicule

_____ .

4. Le camion est un véhicule

_____ .

5. Le tracteur est un véhicule

_____ .

6. L'autobus scolaire est un véhicule

_____ .

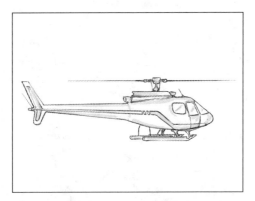

7. L'hélicoptère est un véhicule

_____ .

8. La motoneige est un véhicule

_____ .

9. La motocyclette est un véhicule

_____.

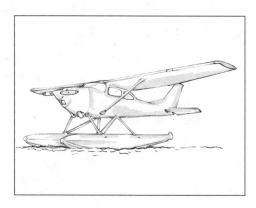

10. L'hydravion est un véhicule

_____.

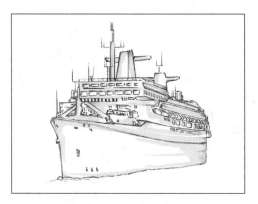

11. Le paquebot est un véhicule

_____.

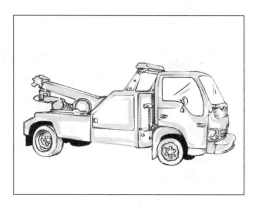

12. La dépanneuse est un véhicule

_____.

13. Le camion-remorque est un véhicule

_____.

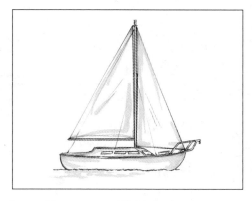

14. Le voilier est un véhicule

_____.

Les transports

LE SENS DES MOTS

Le suffixe **-al** sert souvent à former des adjectifs à partir d'un nom. La plupart de ces adjectifs forment leur masculin pluriel en **-aux.**

Exemples : un véhicule spatial, des véhicules **spatiaux** ; un transport national, des transports **nationaux.**

Cependant, certains adjectifs en **-al** forment leur masculin pluriel en **-als.** C'est le cas de **natal** et de **fatal.**

Exemple : un combat naval, des combats **navals.**

Pour certains adjectifs, on hésite entre le pluriel **-als** ou **-aux.** Les dictionnaires proposent les deux formes.

Exemple : un accord final, des accords **finals** ou **finaux.**

EXERCICE 2 Pour faire suite à la rubrique **Le sens des mots,** écrivez l'adjectif au masculin pluriel. Le dictionnaire vous indiquera le pluriel de chaque adjectif. Dans un deuxième temps, cherchez le nom qui a servi à former chaque adjectif.

Exemple :

au singulier	**au pluriel**	**nom qui a servi à former l'adjectif**
un produit national	des produits nationaux	nation

au singulier	**au pluriel**	**nom qui a servi à former l'adjectif**
1. un quartier commercial	_____	_____
2. un voyage spatial	_____	_____
3. un moyen de transport idéal	_____	_____
4. un vent glacial	_____	_____
5. un chantier naval	_____	_____
6. un règlement gouvernemental	_____	_____

LES MOYENS DE TRANSPORT
D'HIER À AUJOURD'HUI

Les moyens de transport ont beaucoup évolué au 20ᵉ siècle.

 OBSERVEZ

Avant, les gens **conduisaient** des voitures tirées par des chevaux.

Maintenant, les gens **conduisent** des automobiles.

Avant, les gens **lavaient** leurs chevaux.

Maintenant, les gens **lavent** leur automobile.

Avant, le bateau **était** le moyen de transport le plus rapide pour voyager d'un continent à l'autre.

Maintenant, l'avion **est** le moyen de transport le plus rapide pour voyager d'un continent à l'autre.

Avant, les trains **fonctionnaient** à la vapeur.

Maintenant, les trains **fonctionnent** à l'électricité.

Au 19ᵉ siècle, il n'y **avait** pas d'avion à réaction, il n'y **avait** pas d'hélicoptère et il n'y **avait** pas de fusée.

Maintenant, il y **a** des avions à réaction, il y **a** des hélicoptères et il y **a** des fusées.

Les transports

EXERCICE 3 Conjuguez les verbes à l'imparfait et au présent comme dans l'exemple ci-dessous.

Exemple : **Avant,**
nous prenions l'autobus.
(prendre l'autobus)

Maintenant,
nous prenons le métro.
(prendre le métro)

Avant,   **Maintenant,**

1. il _____ .   il _____ .
   (prendre l'autobus)   (avoir une automobile)

2. j' _____ .   je _____ .
   (aller au bureau à pied)   (prendre le métro)

3. elle _____ .   elle _____ .
   (conduire vite)   (conduire plus lentement)

4. elle _____ .   elle _____ .
   (laver son auto tous les samedis)   (laver son auto une fois par mois)

5. il _____ .   il _____ .
   (être imprudent sur la route)   (être prudent sur la route)

6. tu _____ .   tu _____ .
   (prendre le métro)   (marcher)

7. nous _____ .   nous _____ .
   (marcher pour aller au dépanneur)   (prendre l'auto pour aller
                                                au dépanneur)

8. vous _____ .   vous _____ .
   (prendre souvent son vélo)   (ne plus prendre souvent son vélo)

Lisez attentivement.

De la maison au travail

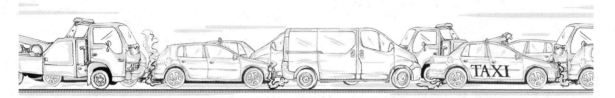

Quand on travaille à l'extérieur de la maison, le transport occupe une place importante dans l'horaire quotidien. Certaines personnes deviennent tellement fatiguées des problèmes de transport qu'elles déménagent plus près de leur lieu de travail. D'autres personnes quittent ou refusent un emploi parce que le déplacement est trop difficile. Plus on habite loin de son lieu de travail, plus les problèmes sont compliqués. Les moyens de transport ont beaucoup évolué au 20e siècle, mais on n'a pas encore inventé le moyen de transport idéal!

Voici quelques problèmes liés au transport:

- être pris dans un embouteillage;
- la voiture qui tombe en panne;
- la voiture qui a une crevaison;
- manquer l'autobus / le train / le métro;
- l'autobus qui arrive plus tard qu'à l'habitude;
- une grève dans le transport en commun.

EXERCICE 4

Conjuguez les verbes et complétez les phrases suivantes.

1. Mon automobile (tomber / passé composé) _____ en panne, alors je

   _____ .

2. L'autobus (arriver / passé composé) _____ plus tard qu'à l'habitude

   et j'(devoir / passé composé) _____ .

3. Mon fils (manquer / passé composé) _____ l'autobus scolaire, alors je

   _____ .

4. Il y (avoir / imparfait) _____ un embouteillage sur l'autoroute et

   j'(décider / passé composé) _____ de _____ .

5. Sa voiture (faire / imparfait) _____ des bruits étranges, alors il (aller / passé

   composé) _____ .

Les transports

EXERCICE 5 Encerclez, dans chaque cas, la réponse la plus prudente. Assurez-vous que vous comprenez bien le sens des mots écrits en caractères gras.

Êtes-vous prudent ou prudente au volant ?

1. Vous conduisez et il pleut. Soudain, un **camion-remorque** passe à côté de vous et il **éclabousse** votre pare-brise. Que faites-vous ?

    a) Vous **klaxonnez.**

    b) Vous accélérez jusqu'au camion-remorque, vous baissez la vitre et vous **criez des bêtises** au chauffeur.

    c) Vous restez calme, vous augmentez la vitesse de vos **essuie-glaces** et vous pensez à autre chose.

    d) Vous prenez votre téléphone cellulaire et vous appelez la police.

2. C'est l'hiver et la rue est couverte de **plaques de glace.** Vous roulez à une vitesse moyenne et, soudain, vous **dérapez.** Que faites-vous ?

    a) Vous freinez brusquement.

    b) Vous ne faites rien.

    c) Vous criez.

    d) Vous tentez de diriger les roues de votre auto dans la bonne direction.

3. Vous roulez et il y a un cycliste à votre droite. À la prochaine **intersection,** vous désirez tourner à droite. Quand vous arrivez à l'intersection, le **feu de circulation** est vert. Que faites-vous ?

    a) Vous attendez que le cycliste traverse l'intersection et ensuite vous tournez.

    b) Vous tournez immédiatement parce que le cycliste n'**a** pas **priorité.**

    c) Vous continuez **tout droit** parce que c'est trop dangereux de tourner.

    d) Vous criez des bêtises au cycliste.

4. Vous êtes sur un boulevard et quand vous arrivez à une intersection, il y a un **feu rouge clignotant.** Que faites-vous ?

    a) Vous ralentissez, mais vous n'arrêtez pas.

    b) Vous accélérez.

    c) Vous faites un arrêt comme si c'était un **panneau d'arrêt.**

    d) Vous arrêtez et vous attendez que le feu rouge clignotant devienne un feu vert clignotant.

EXERCICE 6 Lisez attentivement.

Quel est le trajet?

Le téléphone sonne. La secrétaire répond: « Bourbonnais et associés. »

Le client. — Bonjour, Madame! J'appelle pour prendre un rendez-vous avec monsieur Bourbonnais.

La secrétaire. — Certainement, Monsieur. Pouvez-vous venir demain à deux heures?

Le client. — Oui, c'est parfait.

La secrétaire. — Quel est votre nom?

Le client. — Alain Vadeboncoeur.

La secrétaire. — Connaissez-vous le trajet pour venir à notre bureau?

M. Vadeboncoeur. — Non, c'est la première fois que j'y vais.

La secrétaire. — Dites-moi, d'où partirez-vous?

M. Vadeboncoeur. — Je vais partir de mon bureau qui est situé sur la rue Saint-Pierre.

La secrétaire. — D'accord. Pour venir ici, vous prenez le boulevard Léger, direction est. Vous allez tout droit jusqu'à la rue Dijon. À la rue Dijon, vous tournez à gauche. Au deuxième feu de circulation, vous tournez à droite, rue Dumas. Au premier arrêt, vous tournez à gauche, avenue Dalhousie. Nous sommes situés au 333, avenue Dalhousie.

M. Vadeboncoeur. — Bon, je résume. Je prends le boulevard Léger, direction est. Je vais tout droit jusqu'à la rue Dijon. À la rue Dijon, je tourne à gauche. Au deuxième feu de circulation, je tourne à droite, rue Dumas. Au premier arrêt, je tourne à gauche, avenue Dalhousie. Votre bureau est situé au 333, avenue Dalhousie.

La secrétaire. — C'est exact!

M. Vadeboncoeur. — Je vous remercie beaucoup, Madame. Je serai à votre bureau demain à deux heures.

La secrétaire. — Très bien, au revoir!

Répondez aux questions.

1. Où monsieur Vadeboncoeur veut-il aller?

2. Où est situé le bureau de monsieur Vadeboncoeur?

3. Dans les directives du trajet, quand monsieur Vadeboncoeur est sur le boulevard Léger, jusqu'à quelle rue doit-il se rendre? De quel côté doit-il tourner?

4. Après les deux feux de circulation, sur quelle rue doit-il tourner?

Les transports

5. Une fois qu'il est sur la rue Dumas, quand doit-il tourner à gauche ?

_____

6. À quelle adresse doit-il se rendre ?

_____

EXERCICE 7   Pour chaque illustration, cherchez le terme qui convient dans la liste ci-dessous.

un feu de circulation – un tunnel – une sortie – une côte – un arrêt – un accès interdit – un pont – une courbe – un sens unique – tourner à gauche – tourner à droite – aller tout droit – le nord, le sud, l'est, l'ouest – la voie de gauche – la voie du centre – la voie de droite – être perdu – faire demi-tour

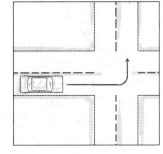
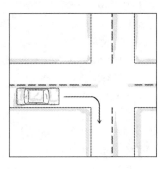
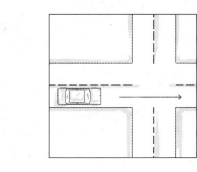

1. _____   2. _____   3. _____

_____   _____   _____

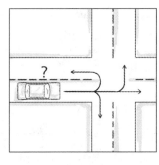
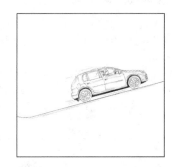

4. _____   5. _____   6. _____

_____   _____   _____

7. _____

_____

8. _____

_____

9. _____

_____

10. _____

_____

11. _____

_____

12. _____

_____

13. _____

_____

14. _____

_____

15. _____

_____

16. _____

_____

17. _____

_____

18. _____

_____

Les transports

EXERCICE 8 À l'aide des termes que vous avez étudiés aux exercices 6 et 7, expliquez les trajets suivants.

1. Le trajet qu'il faut suivre pour se rendre chez vous ou à votre lieu de travail.

_____

_____

_____

_____

2. Le trajet que vous devez suivre (en partant de votre domicile) pour vous rendre au centre commercial le plus près.

_____

_____

_____

_____

Le train

EXERCICE 9 Complétez les phrases en utilisant les termes de la liste ci-dessous.

voie ferrée – wagons de passagers – wagons de marchandises – locomotive – gare

1. Le conducteur du train est assis dans la _____.

2. Les personnes s'assoient dans les _____.

3. On transporte les produits dans les _____.

4. Le chemin qui est formé avec des rails se nomme la _____.

5. Pour prendre le train, on va à la _____.

EXERCICE 10 Conjuguez les verbes à l'imparfait dans le texte suivant.

Avant les années 1950, le train (être) _____ un moyen de transport très utilisé. Les gens qui (habiter) _____ dans des villages (prendre) _____ le train pour aller en ville. Très tôt le matin, sur le quai de la gare, il y (avoir) _____ des employés de bureau, des vendeurs, des ouvriers qui (attendre) _____ le train pour aller travailler en ville. Il y (avoir) _____ aussi des mères avec leurs enfants qui (prendre) _____ le train pour aller magasiner en ville. À cette époque, les grands boulevards et les grandes autoroutes n'(exister) _____ pas. Les gens qui (devoir) _____ aller en ville tous les jours (préférer) _____ prendre le train. C'(être) _____ le moyen de transport le plus rapide et le plus économique.

EXERCICE 11 Vous êtes à Montréal et vous devez vous rendre dans la région de Toronto. Vous décidez de prendre des renseignements pour faire le trajet en train. À partir des réponses suivantes, trouvez les questions.

1. _____

   Oui, nous avons plusieurs départs le 8 février au matin en classe économique.

2. _____

   Vous avez le choix entre le départ de 6 h 55, celui de 9 h 40 et celui de 11 h 40.

3. _____

   Le trajet par les trains de 6 h 55 et de 11 h 40 dure environ 4 h 30, tandis que le trajet par le train de 9 h 40 dure environ 5 h 30.

4. _____

   Si vous prenez l'aller-retour, ça vous coûtera 140 $ au total.

5. _____

   Vous avez droit à un maximum de 2 bagages par voyageur.

6. _____

   Chaque bagage ne doit pas excéder 23 kg.

Les transports

Le transport aérien

Le transport aérien a beaucoup évolué au cours du 20ᵉ siècle.

Au début,

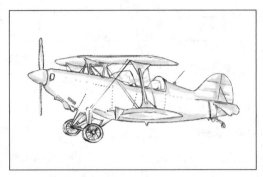

il y avait de petits avions à hélice.

Ensuite,

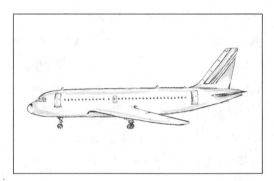

il y avait de petits avions à réaction.

Maintenant,

il y a de gros avions à réaction ;

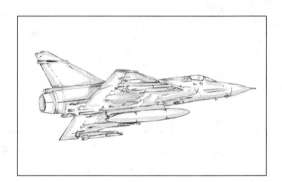

il y a des avions supersoniques ;

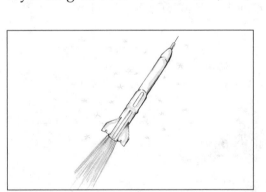

il y a des fusées ;

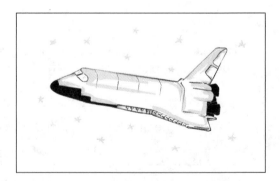

il y a des navettes spatiales.

EXERCICE 12 Vous êtes en voyage d'affaires à Vancouver. Vous désirez laisser un message dans la boîte vocale de votre associé, qui est à Montréal, pour l'aviser de votre retour. Votre associé doit venir vous chercher à l'aéroport. Dans votre message d'une durée de 30 secondes à une minute, vous devez mentionner les points suivants :

• le jour de votre départ de Vancouver ;
• l'heure de votre envolée ;
• la ligne aérienne ;
• la durée approximative du vol ;
• l'heure prévue de votre arrivée à Montréal ;
• le lieu de rencontre.

Message à rédiger

_____

_____

_____

_____

_____

_____

_____

_____

Les transports

EXERCICE 13 Dans la liste ci-dessous, soulignez les mots qui ont le son ɔ (comme dans **bord**).

autobus – aéroport – transport – sortir – alors – heure – avoir – encore – peur – devoir

Les véhicules nautiques et maritimes

Il existe plusieurs types de véhicules qui vont sur l'eau.

EXERCICE 14 À l'aide de la liste ci-dessous, nommez les véhicules suivants.

un pédalo – un yacht à moteur – une chaloupe – un cargo – un canot – un paquebot – un voilier

1. _____

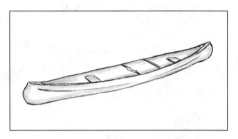

2. _____

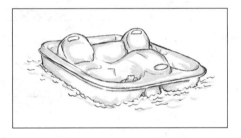

3. _____

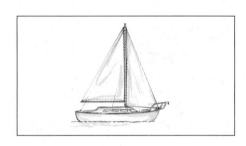

4. _____

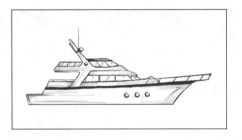

5. _____

6. _____

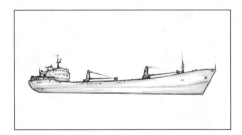

7. _____

EXERCICE 15 Conjuguez les verbes à l'imparfait dans le texte suivant.

Dans l'ancien temps, le bateau (être) _____ le seul moyen de transport
pour voyager d'un continent à l'autre. Les passagers (monter) _____ à
bord et ils (envoyer) _____ la main aux personnes qui (être)
_____ sur le quai. Certaines personnes n'(aimer) _____
pas voyager par bateau parce qu'elles (avoir) _____ le mal de mer.
D'autres personnes ne (vouloir) _____ pas prendre le bateau parce que
le voyage (durer) _____ trop longtemps. Traverser l'océan (pouvoir)
_____ prendre des semaines ! C'(être) _____ une
aventure qui ne (plaire) _____ pas à tous. Maintenant, voyager par
bateau est beaucoup plus agréable. On peut faire des croisières sur des bateaux très luxueux
et à des prix très abordables.

OBSERVEZ

J'ai **une** automobile.	→	J'**en** ai **une.**
Il a **un** hydravion.	→	Il **en** a **un.**
Ils ont **deux** motoneiges.	→	Ils **en** ont **deux.**
Elle **n'a** pas de bateau.	→	Elle **n'**en **a** pas.

➡ **Le pronom en**
Voir les Références grammaticales, pages 242 à 245.

EXERCICE 16 Répondez aux questions en utilisant le pronom **en.**

1. Avez-vous une automobile ?

   Oui, j' _____ .

   Non, je _____ .

2. Avez-vous une motocyclette ?

   Oui, j' _____ .

   Non, je _____ .

Les transports

3. Avez-vous un bateau?

Oui, j' _____ .

Non, je _____ .

4. Avez-vous un hydravion?

Oui, j' _____ .

Non, je _____ .

5. Avez-vous une motoneige?

Oui, j' _____ .

Non, je _____ .

EXERCICE 17 Répondez aux questions en utilisant le pronom **en.**

Exemple: — Au 15ᵉ siècle, est-ce qu'il y avait des motoneiges?
— Non, il n'y en avait pas.

1. Au 16ᵉ siècle, les gens avaient-ils des chevaux?

_____

2. Au 18ᵉ siècle, les gens avaient-ils des automobiles?

_____

3. En 1950, les gens mettaient-ils de l'essence dans leur automobile?

_____

4. Au 16ᵉ siècle, les explorateurs avaient-ils des bateaux?

_____

5. Au 17ᵉ siècle, est-ce qu'il y avait des fusées?

_____

6. Au 15ᵉ siècle, est-ce qu'il y avait des métros?

_____

7. Au début du 20ᵉ siècle, est-ce qu'il y avait des avions à hélice?

_____

8. En 1870, est-ce qu'il y avait des trains?

_____

EXERCICE 18 Lisez attentivement. Si le texte vous semble difficile, concentrez-vous sur les idées importantes. Ne cherchez pas à comprendre nécessairement tous les mots. Vous pouvez encercler les mots que vous ne comprenez pas et les chercher dans le dictionnaire après votre lecture. Vous pouvez relire le texte deux ou trois fois, si nécessaire.

L'histoire du Canadien Pacifique

Construire une nation

À l'origine, le Canadien Pacifique a été créé pour une mission bien précise : établir une liaison concrète entre tous les Canadiens, d'un océan à l'autre. Le 1er juillet 1867, quatre provinces de l'Est ont convenu de s'unir pour donner naissance à la Confédération. En vertu de cette entente, la Nouvelle-Écosse et le Nouveau-Brunswick ont reçu la promesse qu'ils seraient reliés par voie ferrée aux deux provinces du centre, soit le Québec et l'Ontario.

En 1870, le Manitoba s'est à son tour joint à la Confédération. Pour sa part, la Colombie-Britannique, à l'extrémité ouest du pays, s'est laissé séduire par la nouvelle confédération en 1871, mais uniquement à la condition expresse qu'un chemin de fer transcontinental soit construit dans les dix ans pour la relier à l'Est.

Le début de la construction du chemin de fer a été marqué par une controverse ; il a même provoqué la chute du gouvernement conservateur de John A. Macdonald, en 1873, et a forcé la tenue d'une élection. Quand monsieur Macdonald a repris le pouvoir en 1878, l'immense chantier accusait un retard considérable et était même menacé d'abandon.

Le 21 octobre 1880, un groupe d'hommes d'affaires canadiens d'origine écossaise sont finalement parvenus à former un consortium viable, capable de mener à bien l'aménagement d'un chemin de fer transcontinental. La Canadian Pacific Railway Company a été constituée le 16 février 1881, et George Stephen en a été le premier président.

La saison des travaux de 1881 s'est toutefois soldée par des résultats lamentables ; l'ingénieur en chef et le surintendant général ont été congédiés à la fin d'une année au cours de laquelle seulement 211 km (131 milles) de voies avaient été posées. L'un des administrateurs du consortium, James Jerome Hill, a alors fait valoir que l'homme de la situation était William Cornelius Van Horne.

Une forte rétribution a été consentie à monsieur Van Horne, étoile montante du milieu des affaires américain, pour le convaincre d'accepter le poste de directeur général du Canadien Pacifique et de superviser les travaux de construction du chemin de fer dans les Prairies et les Rocheuses.

Les transports

Monsieur Van Horne a accepté et s'est targué de pouvoir faire construire 800 km (500 milles) de voie principale dès sa première année en poste. Malheureusement, des inondations ont retardé le début de la saison des travaux de 1882. Toutefois, à la fin de l'année, 673 km (418 milles) de voie principale et 177 km (110 milles) de lignes secondaires avaient été posées ; le rêve d'une voie ferrée transcontinentale semblait désormais réalisable.

Le 7 novembre 1885, les tronçons est et ouest du Canadien Pacifique se sont rejoints à Craigellachie, en Colombie-Britannique, où le dernier crampon a été enfoncé par Donald A. Smith. Les coûts de construction ont failli mener le consortium à sa perte, mais trois ans après que le premier train transcontinental eut quitté Montréal à destination de Toronto et de Port Moody, le 28 juin 1886, le chemin de fer était revenu à la santé financière et recommençait à verser des dividendes.

Source : Chemin de fer Canadien Pacifique. *Survol historique*, [en ligne], 2008, www8.cpr.ca/cms/Francais/General+Public/Heritage/default.htm (page consultée le 22 avril 2008).

Répondez aux questions sur le texte.

1. À l'origine, quelle était la mission du Canadien Pacifique ?

   _____

   _____

2. En quelle année la Confédération canadienne a-t-elle eu lieu ? _____

3. Nommez les quatre provinces qui ont donné naissance à la Confédération.

   _____ _____

   _____ _____

4. Nommez la cinquième province qui s'est jointe à la Confédération.

   _____

5. À quelle condition la Colombie-Britannique acceptait-elle de se joindre à la Confédération ?

   _____

   _____

6. Nommez un fait qui démontre que le début de la construction du chemin de fer a soulevé de gros problèmes.

   _____

   _____

7. Qui a été le premier président de la Canadian Pacific Railway Company ?

   _____

8. Quel passage du texte nous démontre que les travaux de l'année 1881 n'ont pas été satisfaisants ?

   _____

   _____

9. Qui a supervisé les travaux de construction du chemin de fer dans les Prairies et les Rocheuses ?

   _____

10. Quel est l'évènement qui a retardé les travaux en 1882 ?

    _____

    _____

11. À quel endroit les tronçons est et ouest du Canadien Pacifique se sont-ils rejoints et à quelle date ?

    _____

12. Quel a été le premier trajet du train transcontinental ?

    _____

13. Quelle était la situation financière du Canadien Pacifique en 1889 ?

    _____

AUTOÉVALUATION

	Réponses possibles			
	1 Très bien	2 Bien	3 Pas assez	4 Pas du tout
VOCABULAIRE				
Je connais des véhicules utilitaires et récréatifs.				
Je connais des signaux routiers.				
Je connais des termes pour expliquer un trajet.				
ÉLÉMENTS À L'ÉTUDE DANS LE THÈME				
Je connais le masculin pluriel de plusieurs adjectifs se terminant par **-al.**				
Je connais **il y a** et **il y avait** dans la description.				
Je peux utiliser le pronom **en** dans des phrases affirmatives et des phrases négatives.				
Je peux utiliser le passé composé et l'imparfait en faisant la différence entre les deux.				
J'ai compris les idées importantes dans les textes présentés dans le thème.				
PARTICIPATION				
J'ai fait les exercices écrits.				
J'ai participé activement aux activités proposées en classe.				
J'ai beaucoup pratiqué la conjugaison des verbes au passé composé et à l'imparfait.				
Je fais des efforts pour utiliser les bons déterminants quand je parle (le, la, mon, ma,...).				
Je consulte mes notes entre les cours pour m'améliorer.				
J'ai pratiqué mon français en dehors des cours.				
Je pose des questions quand je ne comprends pas bien.				
Je consulte souvent le dictionnaire.				
Je suis attentif(ive) quand d'autres personnes du groupe s'expriment.				

LE TRAVAIL

Révision du contenu de niveau débutant
- les jours de la semaine
- les formes de rémunération
- les verbes **travailler** et **recevoir** au présent, au passé composé et au futur proche
- les questions avec **est-ce que, combien, où** et **quel**
- l'utilisation appropriée du présent, du passé composé et du futur proche

Vocabulaire à l'étude
- des métiers et des professions
- les termes liés à la recherche d'un emploi
- le curriculum vitæ
- le système d'éducation au Québec
- les termes liés aux conditions de travail
- la rémunération

Éléments grammaticaux
- les questions avec **est-ce que** et **quel**
- les pronoms compléments directs
- la voix active et la voix passive

Verbes
- le verbe **être** au présent, au passé composé, à l'imparfait, au futur proche, au futur simple, au conditionnel présent et au subjonctif présent
- l'accord du participe passé avec les auxiliaires **avoir** et **être**

Situations de communication ciblées
- informer sur son emploi
- s'informer sur l'emploi d'une tierce personne
- rédiger son curriculum vitæ en français
- répondre à un questionnaire portant sur l'argent
- réagir aux propos tenus par de tierces personnes (dans la compréhension de texte)
- lire un texte réflectif sous forme de dialogue (700 mots)

RÉVISION

Faites les exercices suivants.

1. Nommez les sept jours de la semaine.

   _____   _____

   _____   _____

   _____   _____

   _____

2. Complétez chaque phrase en choisissant le terme approprié dans la liste ci-dessous.

   des honoraires – un salaire – une commission – des redevances – un pourboire

   a) Un salarié reçoit _____.

   b) Un vendeur reçoit _____.

   c) Un serveur reçoit _____.

   d) Un professionnel reçoit _____.

   e) Un auteur reçoit _____.

3. Conjuguez le verbe **travailler** au présent, au passé composé et au futur proche.

Passé composé	Présent	Futur proche

4. Conjuguez le verbe **recevoir** au présent, au passé composé et au futur proche.

Passé composé	Présent	Futur proche
_____	_____	_____
_____	_____	_____
_____	_____	_____
_____	_____	_____
_____	_____	_____
_____	_____	_____

5. Écrivez les questions.

a) _____

Oui, je travaille.

b) _____

Elle travaille 35 heures par semaine.

c) _____

Mon salaire est de 14 $ l'heure.

d) _____

Je travaille pour l'entreprise Masson.

e) _____

Je suis administrateur.

6. Complétez les phrases en conjuguant les verbes aux temps appropriés.

a) Hier matin, je (arriver) _____ au bureau à 8 h.

b) Hier après-midi, il (partir) _____ à 3 h.

c) Ce matin, le téléphone (sonner) _____, mais je n'(répondre) _____ pas _____.

d) Tous les matins, elle (ouvrir) _____ le courrier.

e) Habituellement, ils (faire) _____ une réunion le vendredi matin.

f) Demain après-midi, tu (écrire) _____ une lettre à ce client.

g) La semaine prochaine, elles (vérifier) _____ ces rapports.

LES INSTRUMENTS DE TRAVAIL

EXERCICE 1 Associez chaque métier de la liste ci-dessous à l'illustration qui représente des instruments de travail utilisés dans ce métier.

Liste des métiers

un agriculteur / une agricultrice
un couturier / une couturière
un apiculteur / une apicultrice
un cordonnier / une cordonnière
un exterminateur / une exterminatrice
un fleuriste / une fleuriste
un mécanicien / une mécanicienne
un menuisier / une menuisière

1. _____

2. _____

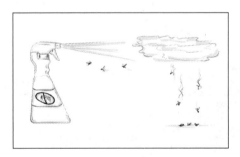

3. _____

4. _____

5. _____

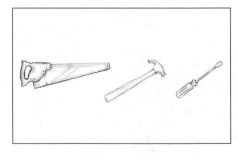

6. _____

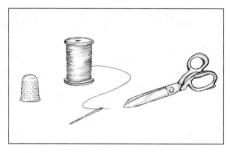

7. _____

8. _____

LA RECHERCHE D'UN EMPLOI

Quand on cherche du travail, il faut se poser des questions comme :

* Quel type de poste est-ce que je cherche ?

  Est-ce que je cherche un poste à temps plein ?
  Est-ce que je cherche un poste à temps partiel ?
  Est-ce que je cherche un poste temporaire ?
  Est-ce que je cherche un poste de pigiste ?
  Est-ce que je cherche un emploi d'été ?

* Dans quel domaine est-ce que je veux travailler ?

  Est-ce que je veux travailler dans le domaine de la santé ?
  Est-ce que je veux travailler dans le domaine de l'informatique ?
  Est-ce que je veux travailler dans le domaine bancaire ?
  Est-ce que je veux travailler dans le domaine de l'aéronautique ?

* Quel type de poste est-ce que je cherche ?

  Est-ce que je cherche un poste de représentant ou représentante ?
  Est-ce que je cherche un poste de directeur ou directrice ?
  Est-ce que je cherche un poste de commis ou commise ?
  Est-ce que je cherche un poste d'analyste ?

* Quelle forme de rémunération est-ce que je recherche ?

  Est-ce que je veux avoir un salaire très élevé ?
  Est-ce que le salaire minimum me convient ?
  Est-ce que je veux être payé(e) à la commission ?
  Est-ce que je veux avoir un salaire de base ?
  Est-ce que je veux avoir un revenu fixe ?

Le travail

EXERCICE 2   Écrivez des questions en utilisant **est-ce que.**

1. _____

   Oui, elle cherche un poste à temps plein.

2. _____

   Oui, nous cherchons un emploi d'été.

3. _____

   Non, il ne veut pas être pigiste.

4. _____

   Non, je n'ai pas de salaire de base.

5. _____

   Oui, elles sont payées à la commission.

6. _____

   Oui, ils travaillent dans le domaine de l'informatique.

7. _____

   Oui, il cherche un poste de commis.

8. _____

   Non, elle n'est pas directrice.

Le curriculum vitæ

Une fois qu'on a établi clairement le type d'emploi qu'on cherche, on peut entreprendre des démarches pour trouver un emploi.

La première chose à faire est de rédiger un curriculum vitæ. En général, le curriculum vitæ devrait se limiter à deux pages.

Votre curriculum vitæ doit répondre à certaines questions.

1. La section **Renseignements personnels** doit fournir les réponses aux questions suivantes.

   • Quel est votre nom ?
   • Quelle est votre adresse ?
   • Quel est votre numéro de téléphone ?

2. La section **Expérience professionnelle** doit fournir les réponses aux questions suivantes.

- Où avez-vous travaillé?
- Pendant combien de temps avez-vous travaillé à cet endroit?
- Quel poste occupiez-vous?
- Quelles tâches deviez-vous accomplir?

3. La section **Formation** doit fournir les réponses aux questions suivantes.

- Quels sont vos diplômes?
  - Avez-vous un diplôme d'études secondaires?
  - Avez-vous un diplôme d'études collégiales?
  - Avez-vous un diplôme d'études universitaires?
- Quels sont les noms des établissements d'enseignement où vous avez étudié?
- En quelle année avez-vous obtenu votre ou vos diplômes?

POUR VOTRE INFORMATION...

LE SYSTÈME D'ÉDUCATION AU QUÉBEC

Niveau de scolarité	Durée des études	Diplôme
Maternelle	Un an (une année préscolaire)	
Primaire	6 ans (de la 1re année à la 6e année)	
Secondaire	5 ans (de la 1re secondaire à la 5e secondaire)	Diplôme d'études secondaires (D.E.S.) **ou** diplôme d'études professionnelles (D.E.P.)
Collégial (cégep)	Programme de formation préuniversitaire (2 ans) **ou** programme de formation technique (3 ans)	Diplôme d'études collégiales (D.E.C.)
Universitaire	**Études de 1re cycle** cycle court (un an) cycle long (3 ans) **Études de 2e cycle** (environ 2 ans) **Études de 3e cycle** (environ 4 ans)	Certificat Baccalauréat Maîtrise Doctorat et postdoctorat

Le travail

EXERCICE 3 En vous inspirant de la liste des questions portant sur la préparation de votre curriculum vitæ, écrivez les questions qui correspondent aux réponses.

1. _____

   2828, rue Granger, Montréal, H1H 1A1.

2. _____

   Oui, j'ai un diplôme d'études secondaires.

3. _____

   J'étais commis au Service de la comptabilité.

4. _____

   857-222-3882.

5. _____

   Je devais préparer les chèques de paie des employés.

6. _____

   Je m'appelle Sophie St-Armand.

7. _____

   J'ai obtenu mon D.E.C. en 2005.

8. _____

   Non, je n'ai pas de baccalauréat.

9. _____

   J'ai étudié à l'École secondaire Sainte-Marie, puis au Cégep Grande-Allée.

10. _____

   J'ai travaillé chez Zapala pendant deux ans.

EXERCICE 4 Il existe plusieurs modèles de CV. L'important est
de choisir un modèle qui met en valeur vos réalisations.
À l'aide du modèle ci-dessous, rédigez votre propre CV
en français.

Renseignements personnels

_____ ⟶ votre nom

_____ ⟶ votre adresse

_____ ⟶ votre numéro
de téléphone
_____

Expérience professionnelle ⟶ votre adresse
de courriel
_____

_____

_____

_____

_____

_____

_____

Compétences techniques et linguistiques

_____

_____

_____

_____

Formation

_____

_____

_____

_____

_____

Le travail

LE SENS DES MOTS

Le mot **curriculum vitæ** est un mot latin qui signifie « course de la vie ».
Quatre-vingts pour cent du vocabulaire français est d'origine latine. Au 16ᵉ siècle,
le français a emprunté beaucoup de mots au grec, qui était la langue des médecins,
des philosophes et des poètes. Par la suite, le français a aussi emprunté de nombreux
mots à d'autres langues. On parle souvent des mots empruntés à l'anglais, mais
notre vocabulaire comporte aussi des mots de diverses origines, dont l'arabe (*alcool,
algèbre, chiffre, hasard, matelas, sirop…*), l'italien (*banque, boussole, crédit, faillite,
scénario…*) et l'espagnol (*abricot, banane, bizarre, chocolat, maïs…*).

Les pronoms compléments directs

	singulier		pluriel
1ʳᵉ personne	me		nous
2ᵉ personne	te		vous
	masculin	**féminin**	
3ᵉ personne	le / l'	la / l'	les

 OBSERVEZ

Je prépare **mon CV** → Je **le** prépare.

Je lis **les offres d'emploi** tous les jours. → Je **les** lis tous les jours.

Elle veut lire **ma lettre de recommandation.** → Elle veut **la** lire.

Nous appelons **ce candidat.** → Nous **l'**appelons.

Les mots **le, la, l', les** sont des pronoms compléments directs.

Le pronom complément direct remplace un complément direct qui est **précédé
d'un déterminant défini.**

On peut trouver un complément direct en posant les questions **qui?** ou **quoi?.**

Si on reprend les exemples précédents :

Je prépare **mon CV.**
Je prépare quoi? **mon CV**
↓
complément direct

Je lis **les offres d'emploi** tous les jours.
Je lis quoi? **les offres d'emploi**
↓
complément direct

Elle veut lire **ma lettre de recommandation.**
Elle veut lire quoi? **ma lettre de recommandation**

↓

complément direct

Nous appelons **ce candidat.**
Nous appelons qui? **ce candidat**

↓

complément direct

NOTEZ

Si le complément direct est précédé d'un déterminant indéfini, on utilisera
alors le pronom complément **en.**

Elle lit **une lettre de recommandation.** → Elle **en** lit **une.**

mais

Elle lit **la lettre de recommandation.** → Elle **la** lit.

La place du pronom complément direct au présent et à d'autres temps simples:
devant le verbe.

Phrase de départ: Je lis les lettres de recommandation.

Phrase affirmative: Je **les** lis.

Phrase négative: Je ne **les** lis pas.

Phrase interrogative: **Les** lis-tu?

La place du pronom complément direct au passé composé et à d'autres temps
composés: devant l'auxiliaire **être** ou **avoir.**

Phrase affirmative: Je **les** ai lues*.

Phrase négative: Je ne **les** ai pas lues.

Phrase interrogative: **Les** as-tu lues?

La place du pronom complément direct au futur proche: devant l'infinitif.

Phrase affirmative: Je vais **les** lire.

Phrase négative: Je ne vais pas **les** lire.

Phrase interrogative: Vas-tu **les** lire?

NOTEZ

* Quand le verbe est conjugué avec l'auxiliaire **avoir** ET que le complément direct
  ou le pronom complément direct est placé **devant** le verbe: le participe passé
  s'accorde en genre et en nombre avec le **complément direct.**

Le travail

Exemple :

> J'ai lu **les lettres de recommandation.**
>
> ↓
>
> complément direct

> Je **les** ai lu**es.**
>
> ↓   ↘
>
> pronom   participe passé
> complément
> direct

Le pronom complément **les** qui remplace **les lettres de recommandation** est maintenant placé **devant** le verbe. Le **participe passé** est donc féminin pluriel parce que **les** remplace **les lettres de recommandation.**

  Les pronoms compléments directs

Voir les Références grammaticales, pages 233 à 242.

EXERCICE 5   Écrivez les pronoms compléments directs appropriés
dans les espaces libres.

1. Qu'est-ce que tu cherches ?

   Je ne trouve plus la copie de mon diplôme. Ça fait 15 minutes que je _____ cherche.

2. Dans le formulaire que je dois remplir, on me demande l'adresse de mon employeur,

   mais je ne _____ connais pas par cœur.

3. As-tu le numéro de téléphone du plombier ?

   Non, je ne _____ ai pas.

4. Les clients apprécient notre nouvelle liste de prix. Ils _____ trouvent plus facile

   à consulter.

5. Est-ce que la directrice des ressources humaines rencontre tous les candidats

   demain ?

   Oui, elle _____ reçoit à son bureau demain matin.

6. Est-ce que tu me prêtes ton dictionnaire ?

   Oui, je te _____ prête.

EXERCICE 6 Répondez aux questions en utilisant un pronom complément direct. N'oubliez pas la règle d'accord du participe passé quand le pronom complément direct est placé devant l'auxiliaire **avoir.**

1. Est-ce que tu as rencontré la directrice ?

   Oui, _____.

2. Est-ce qu'elle a envoyé sa lettre ?

   Non, _____.

3. Est-ce qu'il a retrouvé le numéro de téléphone de son nouveau client ?

   Oui, _____.

4. Avez-vous reçu les colis ?

   Oui, _____.

5. Est-ce qu'il a inscrit le numéro de facture ?

   Non, _____.

6. As-tu pris l'enveloppe ?

   Oui, _____.

EXERCICE 7 Répondez aux questions en utilisant un pronom complément direct.

1. Est-ce que tu vas envoyer la documentation ?

   Oui, _____.

2. Est-ce que vous allez mettre les étiquettes sur les boîtes ?

   Oui, _____.

3. Crois-tu qu'ils vont lire les directives sur le contenant ?

   Non, _____.

4. Selon toi, est-ce qu'il va signer le contrat ?

   Non, _____.

5. Allez-vous apporter le nouveau matériel ?

   Oui, _____.

6. Est-ce qu'elles vont prévenir les nouveaux employés ?

   Oui, _____.

Le travail

La voix active et la voix passive

 OBSERVEZ

voix active	voix passive
L'employeur **engage** l'employé.	L'employé **est engagé** par l'employeur.
L'employeur **congédie** l'employé.	L'employé **est congédié** par l'employeur.
L'employeur **paie** l'employé.	L'employé **est payé** par l'employeur.

La **voix active** → Le sujet **fait** l'action.

Dans les trois exemples, l'employeur fait l'action…
- d'engager ;
- de congédier ;
- de payer.

La **voix passive** → Le sujet **subit** l'action.

Dans les trois exemples, l'employé subit l'action…
- d'être engagé ;
- d'être congédié ;
- d'être payé.

La voix passive est utile pour mettre en valeur le sujet qui subit l'action.
Prenons l'exemple des deux phrases suivantes.

L'employé **a été congédié** par l'employeur.

et

L'employeur **a congédié** l'employé.

L'employé **a été congédié** par l'employeur. (voix passive)
Cette phrase accorde plus d'importance au fait que l'employé a été congédié.

L'employeur **a congédié** l'employé. (voix active)
Cette phrase accorde plus d'importance au fait que c'est l'employeur qui a congédié l'employé.

Il faut cependant éviter d'utiliser la voix passive si elle complique le message.
Exemple : Les documents **ont été envoyés** par mon patron à mon bureau. (voix passive)

Mon patron **a envoyé** les documents à mon bureau. (voix active)
La phrase est plus simple à comprendre à la voix active.

Mettre un verbe à la voix passive

Étape 1 : conjuguer l'auxiliaire **être** au temps approprié.

Étape 2 : ajouter le **participe passé** du verbe désiré.

 NOTEZ

Avec l'auxiliaire **être,** le participe passé s'accorde en **genre** (masculin ou féminin) et en **nombre** (singulier ou pluriel) avec le sujet.

Exemples : Il est payé.
Elle est payé**e.**
Ils sont payé**s.**
Elles sont payé**es.**

Exemples :

Étape 1 : auxiliaire **être**   Étape 2 : participe passé

L'employé est…   • engagé ;
↓   • congédié ;
(présent)   • payé.

L'employé a été…
↓
(passé composé)

L'employé était…
↓
(imparfait)

L'employé sera…
↓
(futur simple)

L'employé va être…
↓
(futur proche)

L'employé serait…
↓
(conditionnel présent)

Il faut que l'employé soit…
↓
(subjonctif présent)

Le travail

EXERCICE 8 Mettez les phrases à la voix passive.

Exemple : Le patron accepte sa demande.
Sa demande est acceptée par le patron.

1. Le directeur engage Pierre.

   Pierre _____.

2. Le syndicat représente les employés.

   Les employés _____.

3. Les journalistes rédigent les articles.

   Les articles _____.

4. Les représentants vendent les produits.

   Les produits _____.

5. Le comptable vérifie les chiffres.

   Les chiffres _____.

EXERCICE 9 Mettez les phrases à la voix active.

1. Les directives sont données par l'employeur.

   _____

2. Le travail est fait par les employés.

   _____

3. Les employés ont été engagés par le directeur.

   _____

4. Les factures ont été envoyées par le Service de la comptabilité.

   _____

5. Auparavant, nos annonces publicitaires étaient conçues par une agence de publicité.

   _____

6. Les dépliants ont été vérifiés par le superviseur.

   _____

7. La collecte de fonds sera faite par les membres de l'organisme.

_____

8. Les chèques seront postés par l'agence.

_____

EXERCICE 10 Lisez attentivement.

Le travail et l'économie

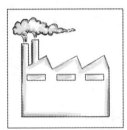  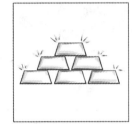 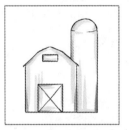

Il n'est pas toujours facile de **trouver un emploi** même si on a toute **la compétence** nécessaire. Durant **une récession, le marché du travail** est **saturé.** Les entreprises ont souvent des **difficultés financières** et elles n'**engagent** pas de nouveaux employés. Certaines entreprises doivent **mettre à pied** plusieurs employés, d'autres sont obligées de **fermer leurs portes** et il y en a même qui **font faillite.** Les employés qui perdent leur emploi peuvent, à certaines conditions, recevoir **des prestations d'assurance-emploi** pendant qu'ils **cherchent du travail.** Dans **un contexte économique** difficile, il faut avoir beaucoup de détermination et de patience pour trouver un emploi. Cependant, peu importe **la situation économique,** un candidat optimiste, dynamique et compétent a de très bonnes chances de **trouver un poste** qui lui convient.

En vous inspirant du texte ci-dessus, choisissez les fins de phrases les plus appropriées.

1. Une personne qualifiée…
   a) trouve toujours un emploi.
   b) peut avoir de la difficulté à trouver un emploi.
   c) ne cherche pas d'emploi.
   d) ne quitte pas son emploi.

2. Durant une récession,
   a) le marché du travail est saturé.
   b) il est facile de trouver un emploi.
   c) les entreprises créent beaucoup de nouveaux emplois.
   d) le contexte économique est très bon.

Le travail

3. Quand une entreprise a des difficultés financières,

    a) elle engage plus d'employés.
    b) elle ouvre ses portes.
    c) elle reçoit des prestations d'assurance-emploi.
    d) elle peut faire des mises à pied.

4. Quand une entreprise fait faillite,

    a) elle change ses portes.
    b) elle demande aux employés de marcher.
    c) les employés perdent leur emploi.
    d) les employés font une fête.

5. Quand on cherche un emploi et que la situation économique est difficile,

    a) il faut déprimer.
    b) il faut être patient et déterminé.
    c) il faut attendre que la situation change.
    d) il faut s'impatienter.

EXERCICE 11   Lisez attentivement.

Le chèque de paie

Le travail et l'argent sont deux facteurs indissociables : on travaille pour **gagner de l'argent** et on gagne de l'argent parce qu'on travaille ! Les formes de **rémunération** sont très variées. Dans les grandes entreprises, à l'exception des **cadres supérieurs,** les **employés** sont habituellement **syndiqués.** Le **syndicat** établit une **convention** collective qui contient tous les détails ayant trait aux **conditions de travail** et aux **avantages sociaux.** Dans les **petites et moyennes entreprises,** qu'on appelle les **PME,** les employés ne sont pas toujours syndiqués. Quand les employés ne sont pas syndiqués, ils doivent négocier directement avec leur **employeur ou employeuse. Les professionnels** qui **travaillent à leur compte** ne reçoivent pas de **salaire.** Les professionnels touchent des **honoraires.**

Dans notre système, toutes les personnes qui travaillent doivent payer des **impôts.** Les impôts peuvent être **retenus à la source,** c'est-à-dire soustraits du **chèque de paie,** ou ils peuvent être payés à la fin de l'**année financière.**

Encerclez les réponses qui correspondent le plus à votre situation.
Il n'y a pas de bonnes ou de mauvaises réponses, mais il y a des réponses plus sages que d'autres.

1. Comment recevez-vous votre chèque de paie ?

   a) Il est déposé automatiquement dans mon compte en banque.
   b) C'est mon employeur ou employeuse qui remet les chèques de paie.
   c) Je suis payé(e) en espèces.
   d) Je ne reçois pas de chèque de paie parce que je travaille à mon compte.

2. Que faites-vous de votre paie lorsque vous la recevez ?

   a) Je paie les factures et je dépose le reste de l'argent dans un compte d'épargne.
   b) Je paie les factures et il ne me reste plus un sou.
   c) Je dépense tout l'argent pour acheter des choses que j'aime.
   d) Je rembourse la somme minimale exigée sur les relevés de mes cartes de crédit et je dépose le reste de l'argent dans un compte chèques.

3. Imaginons que votre employeur ou employeuse vous dit : « Excusez-moi, mais je ne peux pas vous payer cette semaine. Je pourrai vous payer dans deux semaines. » Que faites-vous ?

   a) Vous donnez votre démission.
   b) Vous le ou la poursuivez en justice.
   c) Vous acceptez la situation, car vous faites confiance à votre employeur ou employeuse.
   d) Vous refusez d'aller travailler jusqu'à ce que votre employeur ou employeuse vous paie.

4. Quel pourcentage de votre chèque de paie allouez-vous à l'épargne ?

   a) Zéro pour cent.
   b) Moins de cinq pour cent.
   c) De cinq à dix pour cent.
   d) Dix pour cent et plus.

5. Si vous vouliez avoir une augmentation de salaire, que feriez-vous ?

   a) Je discuterais de la question avec mon employeur ou employeuse.
   b) Je demanderais à un ou une collègue de parler à mon employeur ou employeuse à ma place.
   c) Je travaillerais plus fort pour montrer à mon employeur ou employeuse que je suis très productif ou productive.
   d) Je travaillerais moins fort pour montrer à mon employeur ou employeuse que j'ai trop de travail par rapport au salaire qu'il ou elle me verse.

Le travail

EXERCICE 12 Cherchez un antonyme de chacun des verbes suivants.

1. économiser : _____

2. vendre : _____

3. engager (quelqu'un) : _____

4. déposer (de l'argent) : _____

5. gagner (de l'argent) : _____

6. accepter : _____

7. envoyer : _____

8. emprunter : _____

EXERCICE 13 Soulignez les mots qui contiennent le son **j** (comme dans **chandail** ou **fille**).

mille – gentil – travail – tranquille – travailler – salaire – difficile – détail – famille – employeur – pigiste

EXERCICE 14 Quelques devinettes

1. Elles ont des noms, elles sont grandes, petites ou moyennes, mais ce ne sont pas des êtres humains. Qui sont-elles ?

   _____

2. Sans lui, le travail serait du bénévolat. De quoi s'agit-il ?

   _____

3. Certaines personnes sont mécontentes parce qu'elles en ont un (surtout le dimanche soir). D'autres personnes sont mécontentes parce qu'elles n'en ont pas. De quoi s'agit-il ?

   _____

4. Il contient des renseignements très personnels et pourtant on l'envoie à plusieurs inconnus. De quoi s'agit-il ?

   _____

5. Elles arrivent chez vous chaque mois, même si vous ne les invitez jamais. De quoi s'agit-il ?

   _____

EXERCICE 15 Lisez attentivement.

Dans son livre *L'art du bonheur – 2,* Howard Cutler relate ses entretiens avec le dalaï-lama. Les deux hommes s'intéressent au rôle du travail dans la quête du bonheur. En voici deux extraits :

Premier exrait

[Howard Cutler.] « Vous savez, je n'ai pas pu m'empêcher de remarquer le nombre incroyable de gens différents que vous recevez, des gens qui font toutes sortes de métiers. Et je pensais que vous-même êtes impliqué dans toutes sortes d'activités. Cette semaine, j'aurais aimé que nous nous penchions sur la question du travail […]

Oui, très bien, acquiesça-t-il.

Et, puisque nous allons évoquer ce sujet, je me demandais, par curiosité, comment vous définiriez votre métier. »

Le dalaï-lama prit un air perplexe : « Que voulez-vous dire ? »

J'étais moi-même perplexe face à sa perplexité. La question m'avait pourtant l'air simple. Je m'expliquai :

« Et bien, en Occident, lorsque vous rencontrez quelqu'un pour la première fois, on vous demande souvent : "Que faites-vous dans la vie ?", ce qui veut dire, en pratique : "Quel type de travail faites-vous ? Quel est votre métier ?" Donc, pour reformuler ma question, si vous rencontriez quelqu'un qui n'avait pas la moindre idée de qui vous êtes, qui ne saurait même pas que votre habit est celui d'un moine, s'il voyait simplement en vous un être humain et vous demandait : "Que faites-vous dans la vie ?", que répondriez-vous ? »

Le dalaï-lama réfléchit un long moment, et finit par laisser tomber : « Rien. Je ne fais rien. »

Rien ? Comme pour répondre à mon air ébahi, il répéta : « Si j'étais subitement confronté à cette question, c'est sans doute ce que je répondrais : je ne fais rien. »

Rien ? Je n'y croyais pas une seconde. Cet homme travaillait plus dur que la plupart de mes connaissances. Cette journée par exemple avait été harassante, mais ce n'était rien au regard de son emploi du temps lors de ses fréquents voyages à l'étranger… Il ne faisait rien ? Mon œil… Je repris :

« Vraiment ? Et si la personne insistait et vous posait à nouveau la question ? »

Il rit :

« Et bien, je dirais probablement que je fais attention à moi-même ! Que je prends simplement soin de moi ! »

Percevant peut-être ma frustration face à cette esquive, il sourit et poursuivit :

« Cette réponse ne vous paraît peut-être pas tout à fait sérieuse. Mais si vous y réfléchissez, vous verrez qu'elle est juste. Après tout, de quoi s'occupent les six milliards d'êtres humains si ce n'est du "principal" ? N'est-ce pas ? Donc, quel que soit votre travail, quel que soit votre métier, de notre premier jour jusqu'au dernier, chacun de nous travaille simplement à prendre soin de soi. C'est notre tâche principale. »

Plus loin dans le livre, Howard Cutler redemande au dalaï-lama de lui parler du rôle du travail dans la quête du bonheur.

Second extrait

[Le dalaï-lama.] « C'est très difficile de dire vraiment dans des termes généraux quel rôle joue le travail dans le bonheur humain. Vous savez que de nombreux facteurs très

Le travail

complexes sont impliqués. Les intérêts de la personne, son passé, ses conditions de vie, le cadre social et la nature de son travail peuvent tous influencer la manière dont le travail de cette personne peut contribuer à son bonheur général. Ces facteurs peuvent faire une grande différence. Et je pense que dans une large mesure cela dépend aussi de la psychologie, du psychisme de la personne. Donc, si nous parlons du sentiment de "réalisation de soi" que les personnes tirent de leur travail, alors vous devez comprendre que de nombreux facteurs sont à l'œuvre. »

[Howard Cutler.] Je soupirai intérieurement. Je me rappelais nos nombreuses conversations au fil des ans au cours desquelles je cherchais des réponses claires, des affirmations définitives, des solutions concises. J'en étais encore là. Il ne cessait de me rappeler la complexité des êtres humains.

Mais il a évidemment raison. Bien que, d'un point de vue darwinien, nous ayons peut-être hérité de nos ancêtres lointains un penchant inné à ressentir du plaisir et de la satisfaction lorsque nous nous livrons à des activités productives, nous ne sommes plus des chasseurs-cueilleurs. Avec son entrée progressive dans le monde moderne, la vie humaine est devenue plus complexe, et, pour bien des personnes, cette joie spontanée que nous pouvons potentiellement expérimenter dans notre travail s'est effilochée sous la pression de variables complexes qui caractérisent notre mode de vie au XXIe siècle.

Source : Sa Sainteté le dalaï-Lama et Howard Cutler. *L'art du bonheur – 2*, Paris, Éditions Robert Laffont, 2004.

Répondez aux questions sur le texte.

1. Qui est Howard Cutler ?

   _____

2. Quel est le principal sujet de ces deux extraits ?

   _____

3. Lorsque Howard Cutler a demandé au dalaï-lama de définir son métier, est-ce que le dalaï-lama a bien compris le sens de ses propos ? Citez une phrase pour expliquer votre réponse.

   _____

4. Citez une phrase du texte qui démontre que Howard Cutler ne comprenait pas la réaction du dalaï-lama quand il lui a demandé de définir son métier.

   _____

5. Comment Howard Cutler a-t-il reformulé sa question afin que le dalaï-lama comprenne mieux ?

   _____

6. Quelle a été la première réponse du dalaï-lama à cette question ?

   _____

7. Quelle expression formée de deux mots Howard Cutler a-t-il utilisée
   pour exprimer son scepticisme après cette première réponse du dalaï-lama ?

   _____

8. Quelle a été la seconde réponse du dalaï-lama quand Howard Cutler lui a dit :
   « Et si la personne insistait et vous posait à nouveau la question ? »

   _____

   _____

9. Comment le dalaï-lama définit-il notre « tâche principale » ?

   _____

   _____

10. Nommez les facteurs qui, selon le dalaï-lama, peuvent avoir une influence sur
    la manière dont le travail peut contribuer au bonheur général d'une personne.

    _____

    _____

11. Est-ce que Howard Cutler est satisfait de la réponse du dalaï-lama ? Citez une phrase
    pour expliquer votre réponse.

    _____

    _____

12. Selon Howard Cutler, est-ce que la plupart des gens d'aujourd'hui trouvent autant
    de plaisir et de satisfaction dans leur travail que leurs ancêtres lointains qui pratiquaient
    la chasse et la cueillette ? Expliquez votre réponse.

    _____

    _____

    _____

13. Que pensez-vous des propos du dalaï-lama et de Howard Cutler au sujet du rôle
    du travail dans le bonheur général d'une personne ? (Vous pouvez commencer
    votre phrase par l'un des énoncés suivants : Selon moi… ; Je crois que… ;
    À mon avis… ; Il me semble que…)

    _____

    _____

    _____

    _____

    _____

    _____

Le travail

14. Complétez les phrases à l'aide des mots que vous trouverez dans le texte. Pour vous aider, vous verrez au-dessous des espaces libres la nature des mots que vous devez écrire.

a) Se _____ sur une question signifie qu'on
   (verbe)
   s'intéresse à la question avec curiosité.

b) La _____ est l'état d'une personne incertaine,
   (nom)
   indécise.

c) Ne pas avoir la _____ idée de quelque chose
   (adjectif)
   signifie qu'on ne sait rien à propos de cette chose.

d) Avoir l'air _____ signifie qu'on a l'air très
   (adjectif)
   étonné, stupéfait.

e) Une journée _____ est une journée épuisante,
   (adjectif)
   exténuante.

f) La locution **avoir** _____ signifie qu'on
   (nom)
   ne s'est pas trompé, qu'on dit vrai.

AUTOÉVALUATION

	Réponses possibles			
	1 Très bien	2 Bien	3 Pas assez	4 Pas du tout
VOCABULAIRE				
Je connais des termes utiles à la recherche d'un emploi.				
Je connais les termes désignant les niveaux de scolarité et les diplômes propres au système d'éducation québécois.				
Je connais des termes relatifs aux conditions de travail et à la rémunération.				
ÉLÉMENTS À L'ÉTUDE DANS LE THÈME				
Je peux formuler des questions avec les mots **est-ce que** et **quel.**				
Je peux utiliser les pronoms compléments directs.				
Je comprends la différence entre la voix active et la voix passive.				
Je comprends les règles d'accord du participe passé avec les auxiliaires **avoir** et **être.**				
PARTICIPATION				
J'ai mémorisé du vocabulaire qui peut m'être utile dans mon travail.				
J'ai fait les exercices écrits.				
J'ai cherché plusieurs mots dans le dictionnaire.				
J'ai participé activement aux activités en classe.				
J'ai corrigé plusieurs de mes erreurs.				
J'ai écouté attentivement les autres.				
Je fais des efforts pour améliorer ma prononciation.				
Je mets en pratique les conseils de mon enseignant(e).				
Je lis souvent des textes en français.				
Je pratique mon français avec d'autres personnes en dehors des cours.				

Le travail

LES ACTIONS QUOTIDIENNES

Révision du contenu de niveau débutant

- les jours de la semaine
- les verbes **travailler** et **devoir** au présent, au passé composé et au futur proche
- les questions avec **est-ce que, combien, où** et **quel**
- la conjugaison des verbes pronominaux
- l'utilisation appropriée du présent, du passé composé et du futur proche

Vocabulaire à l'étude

- des tâches ménagères
- des travaux d'entretien à l'extérieur
- des objets de la maison
- des déplacements fréquents dans la vie quotidienne
- le logement

Éléments grammaticaux

- la proposition conditionnelle avec **si** (imparfait et conditionnel présent)
- la phrase infinitive dans la description de tâches
- les énoncés ouverts comportant un verbe conjugué au conditionnel présent
- les pronoms démonstratifs **il, ce (c'), cela (ça)**
- les différentes formes de questions pour la demande de renseignements

Verbes

- l'imparfait
- le conditionnel présent : la formation du conditionnel présent des verbes réguliers et des verbes **avoir, être, aller** et **faire**
- les verbes **devoir, pouvoir** et **vouloir** au conditionnel présent suivis d'un infinitif

Situations de communication ciblées

- informer sur ses activités et sur ses déplacements
- proposer une solution
- informer sur soi
- émettre une opinion sur des sujets d'ordre général
- répondre à une invitation
- demander de l'aide
- informer d'un problème
- s'informer des conditions de logement
- lire et comprendre un texte informatif portant sur les conditions de logement

RÉVISION

Faites les exercices suivants.

1. Quelle heure est-il? Répondez en utilisant le système horaire de 24 heures. Écrivez les nombres en lettres.

Exemple : Il est deux heures de l'après-midi.

ou

Il est quatorze heures.

a) Il est trois heures de l'après-midi.

ou

Il est _____.

b) Il est cinq heures moins vingt.

ou

Il est _____.

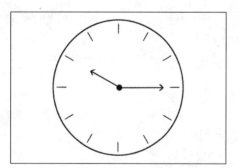

c) Il est dix heures et quart du soir.

ou

Il est _____.

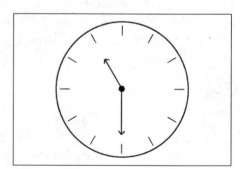

d) Il est onze heures trente du soir.

ou

Il est _____.

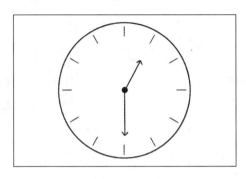

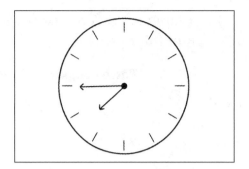

e) Il est une heure et demie du matin.

ou

Il est _____.

f) Il est huit heures moins quart du matin.

ou

Il est _____.

2. Qu'est-ce que c'est?

a) _____

b) _____

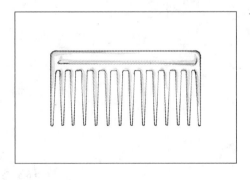

c) _____

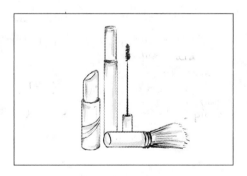

d) _____

3. Conjuguez le verbe **se réveiller** au présent, au passé composé
   et au futur proche.

	Passé composé	Présent	Futur proche
je		me réveille	vais me réveiller
tu		réveilles	ve
il		réveille	réveille
elle		réveille	viller
nous	nous somme réveillé	réveillon	nous vou iller
vous	vous ête réveillé	vous réveillez	vous réveiller
ils		réveillent	vont réveiller
elles		se réveillent	sont iller

4. Conjuguez les verbes aux temps appropriés (présent, passé composé
   ou futur proche).

   a) Hier soir, je (se coucher) _____ à 10 h.

   b) Hier, il (préparer) _____ le souper à 6 h.

   c) En fin de semaine passée, j'(lire) _____ un bon livre.

   d) Habituellement, elle (se laver) _____ le matin.

   e) Habituellement, les enfants (se coucher) _____ vers 9 h.

   f) Demain soir, je (aider) _____ les enfants à faire leurs devoirs.

   g) Demain, vous (faire) _____ la vaisselle.

   h) Plus tard, il (regarder) _____ la télévision.

LES TÂCHES MÉNAGÈRES

Qui ne rêve pas d'avoir un ou une domestique qui ferait toutes les tâches ménagères qu'on doit faire et refaire régulièrement ?

Moi, si j'avais un domestique,

il ferait l'épicerie.

il ferait la cuisine.

il ferait la vaisselle.

il ferait le lavage.

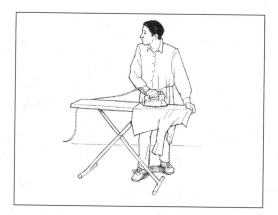

il repasserait les vêtements.

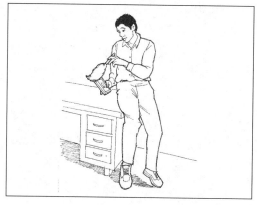

il ferait le ménage.

il laverait les planchers.

il passerait l'aspirateur.

Pendant que mon domestique **ferait** les tâches ménagères,

- je **me reposerais** ;
- j'**irais** au cinéma ;
- j'**irais** au centre d'entraînement physique ;
- j'**irais** au restaurant avec mon conjoint ;
- je **sortirais** avec mes amis ;
- je **jouerais** avec mes enfants.

LE CONDITIONNEL PRÉSENT

On peut former le conditionnel présent en procédant de la même façon que pour former le futur simple, c'est-à-dire :

pour les verbes du 1er groupe, on peut prendre le **verbe à la 1re personne du singulier au présent de l'indicatif** et ajouter la **désinence du conditionnel présent**.

	singulier	pluriel
1re personne	-rais	-rions
2e personne	-rais	-riez
3e personne	-rait	-raient

Exemple : **parler**

1re personne du singulier au présent de l'indicatif	+	désinence du conditionnel présent	→	verbe conjugué au conditionnel présent
je parle		rais		parlerais
tu parle		rais		parlerais
il / elle / on parle		rait		parlerait
nous parle		rions		parlerions
vous parle		riez		parleriez
ils / elles parle		raient		parleraient

Pour les verbes réguliers des 2e et 3e groupes : étant donné que ces verbes ont une finale orale en **r**, on peut prendre le verbe à l'**infinitif** et ajouter la **désinence du conditionnel présent** (avec le **-r** en moins). Si le verbe se termine par **e** à l'infinitif (à l'écrit), on doit supprimer le **e**.

Exemple : **partir**

infinitif du verbe	+	désinence	→	verbe conjugué au conditionnel présent
je partir		ais		partirais
tu partir		ais		partirais
il / elle / on partir		ait		partirait
nous partir		ions		partirions
vous partir		iez		partiriez
ils / elles partir		aient		partiraient

Exemple : **prendre**

infinitif du verbe (en supprimant le **e** final)	+	désinence	→	verbe conjugué au conditionnel présent
je prendr		ais		prendrais
tu prendr		ais		prendrais
il/elle/on prendr		ait		prendrait
nous prendr		ions		prendrions
vous prendr		iez		prendriez
ils/elles prendr		aient		prendraient

Avoir, être, faire, aller au conditionnel présent

Quatre verbes irréguliers à mémoriser.

Avoir
j'aurais
tu aurais
il / elle / on aurait
nous aurions
vous auriez
ils / elles auraient

Être
je serais
tu serais
il / elle / on serait
nous serions
vous seriez
ils / elles seraient

Faire
je ferais
tu ferais
il / elle / on ferait
nous ferions
vous feriez
ils / elles feraient

Aller
j'irais
tu irais
il / elle / on irait
nous irions
vous iriez
ils / elles iraient

 NOTEZ

À l'oral, les terminaisons **ais, ait** et **aient** au conditionnel présent se prononcent ε (comme dans **lait**).

 Le conditionnel présent

Voir les Références grammaticales, pages 258 et 259.

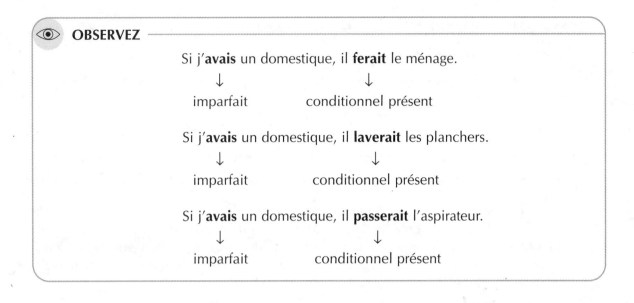

OBSERVEZ

Si j'**avais** un domestique, il **ferait** le ménage.
↓ ↓
imparfait   conditionnel présent

Si j'**avais** un domestique, il **laverait** les planchers.
↓ ↓
imparfait   conditionnel présent

Si j'**avais** un domestique, il **passerait** l'aspirateur.
↓ ↓
imparfait   conditionnel présent

La proposition conditionnelle avec **si** à l'imparfait

Dans la proposition qui commence par **si** → utilisation de l'**imparfait**;
dans l'autre proposition → utilisation du **conditionnel présent.**
Cette forme de proposition permet de présenter une condition comme imaginaire
ou irréelle.

Exemple : Si Annie **avait** un domestique, elle **pourrait** sortir plus souvent.

Dans la réalité, Annie n'a pas de domestique. La condition présentée est
imaginaire.

EXERCICE 1 Si vous aviez un domestique, que ferait-il ? Vous pouvez
vous inspirer des tâches qui ont été mentionnées, vous
pouvez choisir des tâches dans la liste ci-dessous et
vous pouvez proposer d'autres tâches.

aller chez le nettoyeur – aller chercher les enfants après l'école – laver l'auto –
passer l'aspirateur dans l'auto – laver les fenêtres – tondre le gazon – s'occuper du jardin –
sortir le chien – faire les lits – sortir les ordures – laver le four

1. Si j'avais un domestique,

il _____

_____

_____

_____

_____.

Les actions quotidiennes

2. Pendant que mon domestique ferait les tâches ménagères,

je _____

_____

_____

_____

_____

_____ .

On peut rêver et se dire que si on avait un ou une domestique, on aurait plus de temps pour les loisirs. Cependant, dans la réalité, la plupart des gens n'ont pas de domestique. Il y a des gens qui ont un ou une aide ménagère, mais, habituellement, ces aides viennent quelques heures par semaine et on ne peut pas leur demander de tout faire. En résumé, qu'on aime ou qu'on n'aime pas ça, il faut faire des tâches ménagères !

EXERCICE 2 Complétez les phrases en vous inspirant des activités qui sont suggérées dans la liste ci-dessous.

conduire les enfants à l'école – aller chercher les enfants à l'école – aller chez des amis – aller se promener un peu partout – ne rien faire – prendre des vacances – nettoyer le garage – faire la grasse matinée – tricoter – faire du travail de bureau – naviguer dans Internet – jouer à des jeux en ligne – aller magasiner

Exemple : Le matin, si j'avais plus de temps,
je pourrais faire du jogging avant d'aller travailler.

1. Le matin si j'avais plus de temps,

je _____

_____

_____

_____ .

2. Le soir, si j'avais plus de temps,

je _____

_____

_____

_____ .

3. La fin de semaine, si j'avais plus de temps,

je _____

_____

_____

_____ .

EXERCICE 3   Que feriez-vous dans les situations suivantes ?

1. Pendant que vous lavez la vaisselle, votre bague tombe dans le tuyau d'égout de l'évier.

Si ma bague tombait dans le tuyau d'égout de l'évier, je _appellerais le_

_____

_____ .

2. Vous désirez prendre une douche et vous vous apercevez que le chauffe-eau ne fonctionne plus.

Si je m'apercevais que le chauffe-eau était en panne, je _irais chez une amie_

_____

_____ .

3. Vous avez un rendez-vous d'affaires très important et votre gardien ou gardienne se décommande à la dernière minute.

Si mon gardien ou ma gardienne se décommandait à la dernière minute, je _____

_____

_____ .

4. Dans la soirée, votre chien veut aller dehors. Quelques minutes plus tard, vous vous apercevez que votre chien s'est sauvé.

Si mon chien se sauvait, je _____

_____

_____ .

5. Votre enfant refuse d'étudier ses mathématiques pour l'examen du lendemain.

Si mon enfant refusait d'étudier pour son examen, je _____

_____

_____ .

LE SENS DE L'ORGANISATION

Il y a des personnes qui sont très organisées pour faire les tâches ménagères. Dès le lundi* matin, elles savent tout ce qu'elles doivent faire pendant la semaine. Elles savent que le mardi soir elles mangeront du pâté chinois, elles savent que le jeudi après-midi elles feront l'épicerie, elles savent que le samedi matin elles laveront le plancher, etc. Ces personnes ont le sens de l'organisation.

Il y a d'autres personnes qui n'ont pas le sens de l'organisation. Le lundi matin, elles ignorent ce qu'elles mangeront pour souper, elles ignorent quand elles feront l'épicerie et elles ignorent quand elles feront le ménage durant la semaine.

 NOTEZ

* L'utilisation des déterminants avec les noms de jours

En général, on ne met pas de déterminant devant les noms de jours.

Exemples : Elle a travaillé **lundi.**
Ils seront de retour **vendredi.**

Cependant, on met un déterminant devant les noms de jours quand on veut indiquer une action qui se répète.

Exemples : **Le lundi,** elles savent tout ce qu'elles doivent faire pendant la semaine.
Son cours de yoga est **le mardi.**

EXERCICE 4 Avez-vous le sens de l'organisation ?

a) Dans le tableau suivant, dressez une liste de tâches que vous devez faire dans une semaine normale. (Exemples : conduire les enfants à la garderie, aller chez le nettoyeur, tondre le gazon…)

b) À côté de chaque tâche que vous écrivez, indiquez si vous prévoyez toujours du temps pour effectuer cette tâche ou si cette tâche est un surplus dans votre horaire.

Tâches à effectuer dans ma vie personnelle	Oui, j'ai prévu du temps.	Non, cette tâche est un surplus dans mon horaire.
	☐	☐
	☐	☐
	☐	☐
	☐	☐
	☑	☐
	☐	☐
	☐	☐
	☐	☐
	☐	☐
	☐	☐
	☐	☐
	☐	☐

c) Quand vous regardez vos résultats, est-ce que vous avez le sens de l'organisation, selon vous ? Expliquez votre réponse en quelques lignes.

Les actions quotidiennes

EXERCICE 5 Lisez attentivement.

Vite, il faut faire le ménage!

C'est samedi et il est 13 h. Viviane, Jean-Claude et leurs enfants, Éric et Lisa, sont à table. Soudain, le téléphone sonne. Viviane répond : « Allô ! »

Mme Lemieux.	— Bonjour, Viviane ! C'est Brigitte Lemieux, votre ancienne voisine.
Viviane.	— Ah ! Bonjour, Madame Lemieux ! Comment allez-vous ?
Mme Lemieux.	— Très bien, merci. Et vous ?
Viviane.	— Je vais très bien. Ça fait longtemps que nous n'avons pas eu de vos nouvelles.
Mme Lemieux.	— Oui, je sais, mais mon mari et moi avons été très occupés. Dites-moi, qu'est-ce que vous faites ce soir ?
Viviane.	— Rien de spécial, pourquoi ?
Mme Lemieux.	— Parce que nous aimerions aller vous voir. Ce serait bien de passer une soirée ensemble. Nous avons tellement de choses à vous raconter.
Viviane.	— Euh ! oui, c'est une bonne idée ! À quelle heure voulez-vous venir ?
Mme Lemieux.	— Disons vers 19 h.
Viviane.	— C'est d'accord, nous vous attendons vers 19 h.
Mme Lemieux.	— À ce soir ! Au revoir !
Viviane.	— Au revoir !

Viviane raccroche et dit à sa famille : « Vite, il faut faire le ménage ! Monsieur et madame Lemieux vont venir à la maison ce soir ! »

Jean-Claude.	— Es-tu sérieuse ?
Viviane.	— Est-ce que j'ai l'air de blaguer ?
Éric.	— Ah non ! Je voulais aller chez mon ami Luc !
Viviane.	— C'est hors de question ! Nous avons des visiteurs ce soir et tout le monde va m'aider à faire le ménage ! Lisa, tu vas ranger ta chambre et tu vas m'aider à laver la vaisselle. Éric, tu vas ranger ta chambre et tu vas passer l'aspirateur dans la maison.
Jean-Claude.	— Bonne idée ! Moi, pendant ce temps-là, je vais faire une sieste !
Viviane.	— Très drôle ! Toi, Jean-Claude, tu vas aller à la pâtisserie et au marché. Ensuite, tu vas nettoyer les deux salles de bains.
Jean-Claude.	— Quelle joie ! Et toi, vas-tu faire quelque chose ?
Viviane.	— Décidément, tu es drôle aujourd'hui ! Moi, je vais faire la vaisselle avec Lisa, je vais ranger le salon, je vais laver le plancher de la cuisine et je vais m'occuper de tous les petits détails.
Lisa.	— Maman, pourquoi devons-nous toujours faire le ménage à la course ?
Viviane.	— Je ne sais pas, ma chérie. Je pense que nous manquons d'organisation pendant la semaine. Demain, nous allons nous asseoir et nous allons planifier tout ce que nous devons faire pendant la semaine.
Éric.	— Bravo, Lisa ! À cause de ta question, nous allons être obligés de faire le ménage pendant la semaine !
Viviane.	— Bon, ça suffit ! Tout le monde au travail !

Répondez aux questions.

1. Pourquoi Viviane décide-t-elle de faire le ménage?

    _____

2. Quelle phrase du texte montre que ce n'est pas la première fois que cette famille
   se dépêche à faire le ménage?

    _____

3. Pourquoi Éric est-il fâché contre Lisa?

    _____

4. Quelle expression du texte montre que Viviane ne veut plus entendre les enfants
   se disputer?

    _____

5. D'après le texte, est-ce que Jean-Claude a le sens de l'humour? Expliquez votre réponse.

    _____

    _____

6. Si vous receviez un appel comme celui de Viviane, est-ce que vous accepteriez
   de recevoir des visiteurs chez vous à la dernière minute? Expliquez votre réponse.

    _____

    _____

Devoir, pouvoir, vouloir au conditionnel présent suivis d'un infinitif

Devoir	**Pouvoir**	**Vouloir**
je devrais	je pourrais	je voudrais
tu devrais	tu pourrais	tu voudrais
il / elle / on devrait	il / elle / on pourrait	il / elle / on voudrait
nous devrions	nous pourrions	nous voudrions
vous devriez	vous pourriez	vous voudriez
ils / elles devraient	ils / elles pourraient	ils / elles voudraient
+	+	+
un verbe à l'infinitif	un verbe à l'infinitif	un verbe à l'infinitif

Exemples : Je **voudrais avoir** plus de temps pour étudier.

Tu **pourrais faire** la vaisselle pendant que je fais le ménage.

Elle **voudrait partir** à trois heures.

Les actions quotidiennes

EXERCICE 6 Il nous arrive tous de parler pour parler, c'est-à-dire de parler pour le plaisir, sans avoir à prouver des choses ou à convaincre quelqu'un. Voici cinq débuts de phrases que vous devez compléter à l'aide de vos propres idées.

1. Selon moi, les enfants devraient toujours…

   _____

   _____ .

2. Chaque jour, nous devrions tous…

   _____

   _____ .

3. Pour le bien des générations à venir, je voudrais…

   _____

   _____ .

4. Selon moi, les gens qui vivent dans nos sociétés modernes devraient…

   _____

   _____ .

5. Le monde pourrait aller beaucoup mieux si…

   _____

   _____ .

EXERCICE 7 Voici quatre situations de communication. Dans chacune de ces situations, essayez d'utiliser des phrases au conditionnel présent. Vous trouverez dans la liste ci-dessous des suggestions d'énoncés au conditionnel présent.

Suggestions d'énoncés au conditionnel présent

J'aimerais / Je voudrais parler à…

Je serais ravi(e)…

Ma fille / Mon fils voudrait / aimerait…

J'aimerais ça, mais…

Est-ce que vous pourriez…

Est-ce que ce serait possible de…

Ça serait très gentil de…

Vous seriez très aimable de…

Ça ne devrait pas…

a) Une fête d'enfants

Votre fille ou votre fils revient à la maison avec une carte d'invitation à une fête d'enfants. Vous connaissez bien cet enfant, mais vous n'avez jamais rencontré ses parents. Vous devez appeler la mère ou le père pour confirmer la présence de votre enfant. Rédigez une courte conversation téléphonique entre la mère ou le père et vous. Durant la conversation, vous devez :

- demander de parler à la mère ou au père ;
- vous présenter ;
- expliquer la situation ;
- vous informer du lieu de la fête ;
- vous informer des directives pour vous rendre à la fête ;
- remercier le père ou la mère.

_____

_____

_____

_____

_____

_____

_____

_____

b) Une invitation à souper

Vous assistez au match de soccer de votre enfant et les parents d'un ami ou une amie de votre enfant vous invitent à souper samedi prochain. Vous ne pouvez pas y aller. Rédigez la réponse que vous pourriez donner. Durant la conversation, vous devez :

- expliquer poliment la raison de votre refus ;
- remercier les parents pour leur invitation.

_____

_____

_____

_____

_____

c) Un problème de transport

Votre fils joue au hockey et vous devez le conduire à sa séance d'entraînement. Cependant, votre automobile tombe en panne. Vous décidez d'appeler la mère ou le père d'un autre enfant pour lui demander si elle ou il peut conduire votre enfant à l'aréna et le ramener après la séance d'entraînement. Rédigez une courte conversation téléphonique entre la mère ou le père et vous. Durant la conversation, vous devez :

- vous nommer ;
- expliquer la situation ;

- donner un numéro de téléphone pour vous joindre en cas de problème ;
- remercier la personne.

d) Un problème de stationnement

Vous allez voir jouer votre enfant au baseball. Après le match, lorsque vous arrivez dans le stationnement, vous constatez qu'un véhicule est garé devant vous et qu'il vous est impossible de déplacer votre véhicule. Vous connaissez le propriétaire du véhicule, mais vous ne lui avez jamais parlé auparavant. Vous l'apercevez dans le parc. Il parle avec un autre homme. Étant donné que vous devez partir rapidement, vous décidez d'aller lui expliquer la situation. Rédigez une courte conversation entre le propriétaire du véhicule et vous. Durant votre conversation, vous devez :

- interrompre poliment la conversation entre les deux hommes ;
- expliquer votre problème ;
- demander de déplacer le véhicule ;
- remercier le propriétaire du véhicule.

EXERCICE 8 Conjuguez les verbes suivants au conditionnel présent.

1. (vouloir) je _____
2. (aimer) elle _____
3. (acheter) vous _____
4. (finir) il _____
5. (aller) nous _____
6. (devoir) vous _____

7. (pouvoir) ils _____
8. (demander) tu _____
9. (insister) j' _____
10. (appeler) elle _____
11. (s'informer) je _____
12. (se préparer) ils _____

Il, ce, c'est, cela ou ça ?

 OBSERVEZ

Collectionner des timbres,
c'est intéressant, **ce** doit être intéressant, **ce** peut être intéressant.

Ce (**c'**) est un pronom démonstratif. Il désigne la **chose** que celui qui parle a à l'esprit.

Dans l'exemple **Collectionner des timbres, c'est intéressant,** celui qui parle pense au fait de collectionner des timbres quand il dit : **c'est intéressant.**

On ne pourrait pas dire :
Collectionner des timbres, ~~il~~ est intéressant.

Le pronom **il** est plus neutre. Il **ne désigne pas** la chose que celui qui parle a à l'esprit.

Cependant, on peut dire :
Il est intéressant de collectionner des timbres.
Il a ici la même valeur démonstrative que **ce.** Dans cet exemple, on pourrait dire que l'usage de **il** est plus littéraire que l'usage de **ce.**

Dans la langue courante, on dira plus fréquemment :
C'est intéressant de collectionner des timbres.
Ce peut aussi être suivi des verbes **devoir** et **pouvoir** + le verbe **être** à l'infinitif.

Exemples : Collectionner des timbres, **ce doit être** intéressant.
　　　　　　Collectionner des timbres, **ce peut être** intéressant.

Cela (ça)
Il existe aussi le pronom démonstratif **cela** ou sa forme abrégée **ça.**
On utilise **cela** pour représenter la chose dont on a parlé.

Exemple : Je n'aime pas collectionner des timbres. → Je n'aime pas **cela.**
　　　　　　　ou
　　　　　　　Je n'aime pas **ça.**

Les actions quotidiennes

On utilise aussi **cela** ou **ça** devant d'autres verbes que le verbe **être, pouvoir** ou **devoir.**

Exemple : Collectionner des timbres, **ça** m'intéresse.

↓

Ça est utilisé devant le verbe **intéresser.**

On ne pourrait pas dire :
Collectionner des timbres, c̶é̶ m'intéresse.

Le produit de nettoyage que tu m'as donné, **ça** fonctionne.

↓

Ça est utilisé devant le verbe **fonctionner.**

On ne pourrait pas dire :
Le produit de nettoyage que tu m'as donné, c̶é̶ fonctionne.

Ça peut aussi servir à renforcer une affirmation.

Exemples : **Ça,** c'est une bonne idée !

Ça, je trouve que c'est ridicule !

EXERCICE 9 Écrivez **ce, c'** ou **il.** Choisissez **il** uniquement dans les cas où ce n'est pas possible de mettre **ce** ou **c'.**

1. Tu devrais faire du yoga. _____ est très relaxant.

2. J'ai goûté à des mets indiens hier soir. _____ était vraiment très bon.

3. _____ est difficile de lire quand on entend de la musique.

4. _____ pourrait être une bonne idée d'inviter toute la famille à souper.

5. _____ est beaucoup plus écologique de nettoyer les vitres avec de l'eau et du vinaigre.

6. _____ ne faut pas jeter de piles à la poubelle.

7. Certaines personnes utilisent beaucoup trop de produits toxiques et _____ est dangereux pour leur santé.

8. Certains disent que _____ n'est pas bon de toujours utiliser des savons antibactériens.

9. _____ n'est pas toujours facile de trouver du temps pour se reposer.

10. J'ai acheté trois différents savons pour lave-vaisselle et _____ est le moins coûteux que je préfère.

11. _____ paraît que la comédie musicale *Les Misérables* est un très bon spectacle.

12. Je suis allé à plusieurs festivals et _____ est le Festival western de St-Tite que j'ai trouvé le plus spécial.

EXERCICE 10   Écrivez **ce, c'** ou **ça.**

1. J'aime jouer à des jeux de société, mais je connais des personnes qui n'aiment pas _____.

2. Il y a des personnes qui trouvent que _____ n'est pas intéressant de lire des romans.

3. Selon moi, _____ est important de lire les journaux tous les jours.

4. Je trouve que _____ est désagréable quand il y a du désordre dans la maison.

5. Il a essayé de nettoyer les taches d'herbe sur ses chaussures avec du savon, mais il dit que _____ ne fonctionne pas.

6. Tondre le gazon, _____ est la seule tâche qu'il n'aime pas faire.

7. Je dois nettoyer le sous-sol. Je vais m'occuper de _____ demain.

8. Les films d'horreur, _____ me passionne.

9. _____ n'est pas juste, _____ est toujours moi qui dois faire l'épicerie.

10. Je lave mon auto moi-même. _____ coûte moins cher que d'aller au lave-auto.

EXERCICE 11   Encerclez les mots qui contiennent le son ε (comme dans **lait**).

j'étais – il voudrait – je serai – elles pourraient – j'ai – vous étiez – ils ont été – il est – je ferai – mais – et – très

Les actions quotidiennes

EXERCICE 12 Les phrases suivantes comportent des erreurs. Soulignez les erreurs et récrivez chaque phrase correctement.

1. Si je serais plus riche, je m'achèterais une nouvelle automobile.

   _____

2. L'école a appelé moi pour dire que mon enfant était malade.

   _____

3. J'ai lui n'ai pas demandé le prix.

   _____

4. Je n'ai pas stressé quand je travaille pas.

   _____

5. J'utilise toujours de les produits écologiques pour faire la ménage.

   _____

6. J'ai allé très souvent conduire mes enfants à les parties de soccer.

   _____

Le logement

Peu importe la nature de notre travail et nos occupations quotidiennes, il faut vivre sous un toit. Il n'est pas toujours facile de trouver un endroit pour établir sa demeure et s'y sentir bien. Vous connaissez sans doute des personnes qui se plaignent de leurs voisins ou qui vivent d'autres types de problèmes.

EXERCICE 13 Nommez des problèmes fréquents que les gens peuvent vivre selon les types de logements énumérés dans le tableau ci-dessous.

Type de logement	Problèmes fréquents
Une maison unifamiliale	_____ _____ _____ _____

Type de logement	Problèmes fréquents
Un appartement loué dans un immeuble d'habitation	
Un appartement dans un immeuble en copropriété (un « condo »)	
Une maison mobile	
Un chalet	

EXERCICE 14 Vous désirez louer un appartement. Dans les annonces classées de votre journal de quartier, vous lisez l'annonce suivante.

À LOUER

5 ½, très propre, près d'un parc, rénovations récentes. Loyer : une aubaine !
Appeler le propriétaire au 933-433-3333.

a) Préparez une liste de questions que vous aimeriez poser au propriétaire. Vous pouvez vous inspirer des débuts de questions suggérés à la page suivante. Vous devez obtenir les renseignements suivants :

- le nom et le prénom du propriétaire ;
- le prix du loyer ;
- les commodités comprises dans le prix du loyer ;
- l'adresse de l'immeuble et le numéro d'appartement ;
- la possibilité d'avoir un animal domestique ;
- les modalités de stationnement ;
- la possibilité d'avoir un espace de rangement supplémentaire ;
- les jours et les heures de visite du logement.

b) Une fois que vous avez rédigé vos questions, imaginez les réponses que le propriétaire pourrait vous donner.

Débuts de questions suggérés

Quand est-ce que…
À quel moment…
À quelle fréquence…
Quelle est la durée de…
Combien de fois par jour, par mois, par année…

Pour combien de temps…
Dans combien de temps…
Est-ce qu'il y a…
Est-ce qu'il serait possible de…
Où est-ce que…

La question	La réponse

 LE SENS DES MOTS

En français, il existe de nombreux synonymes du mot **logement.** Un logement est la partie d'une maison ou d'un immeuble où l'on réside. C'est le terme utilisé dans les documents informatifs. Dans la vie quotidienne, on peut cependant utiliser beaucoup d'autres mots pour désigner l'endroit où l'on habite. Une **maison,** un **chez-soi,** une **demeure,** un **domicile,** un **foyer,** un **logis** sont tous des mots synonymes de **logement.** Cherchez chacun de ces mots dans un dictionnaire et essayez d'établir la différence entre eux.

EXERCICE 15 Écrivez un synonyme de chacun des verbes suivants.

a) prévoir (des activités) : _____

b) dire non : _____

c) s'amuser : _____

d) relaxer : _____

e) penser : _____

f) parler (avec quelqu'un) : _____

EXERCICE 16 Lisez attentivement.

La recherche d'un logement n'est pas une démarche facile. Que vous viviez au Canada depuis longtemps ou non, il est toujours très important que vous vous informiez avant de vous engager dans l'achat d'une propriété ou dans la location d'un logement. Durant votre lecture, notez bien les mots de vocabulaire qui pourraient vous être utiles, que vous soyez propriétaire ou locataire.

Fiche de renseignements : trouver un logement

Il peut vous falloir plusieurs semaines pour accomplir le processus de recherche d'un logement, qui comprend trois étapes distinctes :

1. décider combien vous pouvez payer, de combien de pièces vous avez besoin et où vous voulez vivre ;
2. trouver l'appartement ou la maison qui vous convient ;
3. remplir le contrat de location ou d'achat.

Types de logements

Il existe de nombreux types de logements différents au Canada.

- Chambre à louer : Une telle chambre se situe habituellement dans une maison ou un appartement dont quelqu'un d'autre est le propriétaire ou le locataire et où la cuisine et les salles de bains sont communes.
- Studio : Un studio est un petit appartement conçu principalement pour une personne, composé d'une grande pièce comprenant un espace cuisine et un espace pour dormir, ainsi qu'une salle de bains séparée.
- Autres appartements : La plupart des autres appartements comportent d'une à trois chambres à coucher. En outre, ils sont tous dotés d'une cuisine, d'une salle de séjour et d'une salle de bains séparée.
- Duplex : Un duplex est une maison divisée en deux logements distincts, qu'on peut acheter ou louer.
- Maison en rangée : Il s'agit d'une petite maison attenante à d'autres maisons, qu'on peut acheter ou louer.
- Logement dans un immeuble en copropriété : Il s'agit d'un appartement ou d'une maison en rangée de propriété individuelle comportant un accès à des zones de propriété conjointe. Les propriétaires de tels logements doivent payer une somme mensuelle pour les frais d'entretien comme le déneigement, la tonte du gazon et les réparations, en plus de l'impôt foncier.

Les actions quotidiennes

Coûts

Le prix des logements varie grandement selon l'emplacement, l'âge et la condition de l'appartement ou de la maison ainsi que le marché local. Vous pouvez vous attendre à un paiement mensuel allant de 350 $ pour une chambre à 2000 $ pour un appartement de luxe ou une maison. Les logements situés hors des grandes villes coûtent habituellement moins cher. Le prix d'achat des maisons varie considérablement en fonction de la ville ou de l'emplacement.

Il se pourrait que vous ayez à consacrer de 35 à 50 pour cent de votre revenu aux coûts de logement, qui devraient comprendre les coûts de chauffage, d'électricité et des autres commodités.

Signature d'un bail

Une fois que vous acceptez de louer un appartement ou une maison, votre locateur peut vous demander de signer un bail, c'est-à-dire une entente d'une ou deux pages qui décrit le bien locatif, le prix et les commodités comprises. Le bail peut aussi indiquer si une place de stationnement ou un espace de rangement sont compris et si les animaux domestiques sont permis.

La plupart des baux sont d'une durée d'un an. Assurez-vous de bien comprendre qui, de vous ou du locateur, paiera les diverses commodités. Vérifiez si vous devrez payer une pénalité si vous quittez le logement avant la fin du bail. Vous devrez effectuer un paiement initial, qui pourrait correspondre aux loyers du premier et du dernier mois, et vous pourriez avoir à verser un dépôt en cas de dommages à la propriété, qui vous sera rendu à votre départ si vous n'avez causé aucun dommage non attribuable à l'usure normale.

Lisez attentivement le bail avant de le signer. Si vous ne comprenez pas certains des termes juridiques qui y sont employés, communiquez avec un organisme d'aide aux immigrants ou avec quelqu'un à qui vous faites confiance et qui est en mesure de vous aider. Une fois signé, le bail constitue un document légal.

Achat d'une maison ou d'un logement dans un immeuble en copropriété

Au Canada, la plupart des logements sont vendus par l'intermédiaire d'agents immobiliers, mais certains sont vendus par les propriétaires eux-mêmes.

L'achat d'une maison comporte de nombreux frais cachés, par exemple les frais d'avocat ou de notaire et les taxes, sans compter le coût de l'entretien, des commodités, de l'assurance, etc.

À moins que vous n'ayez suffisamment d'argent pour payer la totalité de la maison, vous devrez obtenir un prêt hypothécaire auprès d'une banque ou d'un autre établissement financier.

Connaître vos droits

Dans la location d'un appartement ou d'une maison, autant vous que le locateur jouissez de certains droits légaux. Des lois vous protègent des augmentations subites de loyer ou de l'expulsion de votre appartement. En contrepartie, vous êtes dans l'obligation de maintenir l'appartement ou la maison que vous louez en bon état.

Vous avez le droit de vivre à l'endroit de votre choix. La Charte canadienne des droits et libertés vous protège de la discrimination fondée sur la couleur, la religion, le sexe, l'âge ou les déficiences. Les lois provinciales interdisent également la discrimination à l'endroit des locataires.

Source : Citoyenneté et Immigration Canada. *Fiche de renseignements : trouver un logement*, [en ligne], 2005, http://www.cic.gc.ca/francais/nouveaux/fiche-02.asp (page consultée le 6 mars 2008).

Répondez aux questions sur le texte.

1. D'après le texte, est-ce que le processus de recherche d'un logement commence à partir du moment où vous visitez des logements? Expliquez votre réponse.

   _____

   _____

2. Parmi les types de logements décrits dans le texte, quel est celui qui n'a pas de salle de bains séparée?

   _____

3. Selon vous, quel serait le principal avantage lié à l'achat d'un duplex (comparativement à l'achat d'un logement dans un immeuble en copropriété, par exemple)?

   _____

   _____

4. Dans le cas du logement dans un immeuble en copropriété, on parle de «zones de propriété conjointe». Selon vous, qu'est-ce qu'une zone de propriété conjointe? Si vous le pouvez, donnez des exemples.

   _____

   _____

5. Quand on dit que le propriétaire d'un logement dans un immeuble en copropriété devra payer un impôt foncier, de quoi s'agit-il? Selon vous, dans le contexte, est-ce qu'on veut parler des impôts en lien avec les traitements et salaires d'une personne ou d'un impôt en lien avec la propriété immobilière?

   _____

6. D'après le texte, quels sont les quatre grands facteurs qui peuvent influer sur le prix des logements?

   _____

   _____

   _____

   _____

7. D'après le texte, quelle est la part de votre revenu qui est consacrée aux coûts du logement? Est-ce que cela comprend les coûts de chauffage, d'électricité et des autres commodités?

   _____

8. D'après le texte, qu'est-ce qu'un bail?

   _____

Les actions quotidiennes

9. En général, quelle est la durée d'un bail ?

_____

10. Si vous décidez de louer un logement et qu'on vous demande d'effectuer un paiement initial, à quoi pourrait correspondre cette somme ?

_____

11. Quand vous signez un bail, est-ce que vous signez un document légal ?

_____

12. Si vous désirez acheter une maison au Canada, qui peut vous aider à chercher la maison qui vous convient ?

_____

13. À l'achat d'une maison, nommez trois exemples de frais cachés.

_____

_____

_____

14. Quand une banque vous prête de l'argent pour acheter une maison, comment appelle-t-on ce type de prêt ?

_____

15. D'après le texte, nommez deux situations possibles dans lesquelles vous êtes protégé(e) par des lois quand vous êtes locataire.

_____

_____

16. Est-ce que la Charte canadienne des droits et libertés est la seule forme de protection contre la discrimination à l'endroit des locataires ? Expliquez votre réponse.

_____

AUTOÉVALUATION

	Réponses possibles			
	1 Très bien	**2** Bien	**3** Pas assez	**4** Pas du tout
VOCABULAIRE				
Je connais plusieurs tâches que je dois effectuer chez moi.				
Je connais plusieurs objets dans la maison.				
Je connais les lieux où je dois me rendre fréquemment.				
Je connais plusieurs termes relatifs au logement.				
ÉLÉMENTS À L'ÉTUDE DANS LE THÈME				
Je peux utiliser la proposition conditionnelle avec **si** construite avec l'imparfait et le conditionnel présent (Si j'avais…, je serais…).				
Je comprends comment conjuguer les verbes au conditionnel présent.				
Je peux utiliser les verbes **vouloir, pouvoir** et **devoir** suivis d'un infinitif.				
Je comprends la différence entre les pronoms démonstratifs **il, ce** et **cela.**				
PARTICIPATION				
J'ai fait les exercices écrits.				
Dans les exercices de mises en situation (par exemple, l'invitation à une fête), j'ai fait des efforts pour dire ou écrire des phrases que je pourrais utiliser dans la réalité.				
J'ai cherché plusieurs mots dans le dictionnaire.				
J'ai participé activement aux activités de conversation.				
J'ai pris des notes qui peuvent m'aider à comprendre certains mots ou certaines expressions.				
J'ai écouté attentivement les autres.				
Je mets en pratique les conseils de mon enseignant(e).				
Je fais des efforts pour mémoriser les mots et les expressions qui peuvent m'être utiles.				
Je pratique mon français avec d'autres personnes en dehors des cours.				
J'apprécie mes progrès et j'ai une attitude positive.				

Les actions quotidiennes

LE BUREAU

Révision du contenu de niveau débutant

- des appareils et des fournitures de bureau
- les présentatifs **c'est** et **ce sont**
- le verbe **ouvrir** au passé composé
- la locution **avoir besoin de** au présent
- le pronom complément **en**

Vocabulaire à l'étude

- la conversation téléphonique au bureau
- les nombres
- les opérations mathématiques effectuées sur une calculatrice
- le protocole de la lettre
- des anglicismes à éviter

Éléments grammaticaux

- les pronoms compléments et l'impératif présent
- les adjectifs numéraux cardinaux
- les règles d'accord de **vingt** et **cent**

Verbe

- l'impératif présent à la forme affirmative et à la forme négative

Situations de communication ciblées

- émettre son opinion durant une conversation avec des collègues
- intervenir durant une réunion
- répondre à un appel téléphonique
- faire un appel téléphonique
- enregistrer un message téléphonique
- comprendre des recommandations (les textes « La conversation au bureau »,
  « La conversation téléphonique » et « Sujet à la procrastination ? »)
- faire une recommandation ou donner un ordre
- faire un chèque
- rédiger une lettre

RÉVISION

Faites les exercices suivants.

1. Nommez les objets suivants.

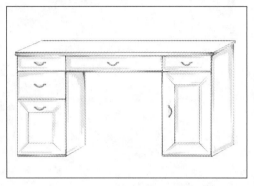

a) _____

b) _____

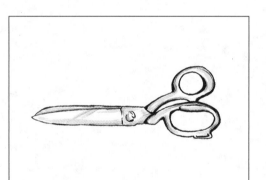

c) _____

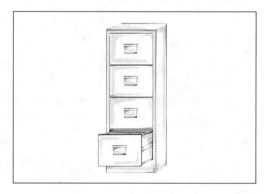

d) _____

e) _____

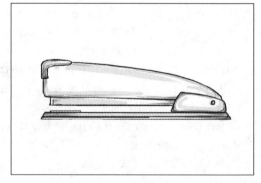

f) _____

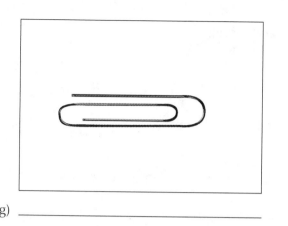

g) _____

h) _____

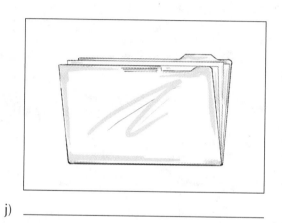

i) _____

j) _____

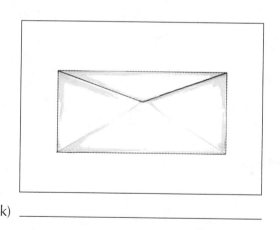

k) _____

2. Répondez à la question en utilisant **c'est** ou **ce sont.**

Qu'est-ce que c'est ?

a) (un crayon) _____

b) (des ciseaux) _____

c) (un photocopieur) _____

d) (une calculatrice) _____

e) (des classeurs) _____

Le bureau

3. Conjuguez le verbe **ouvrir** au passé composé.

_____   _____

_____   _____

_____   _____

4. Conjuguez le verbe **avoir** au présent dans la locution **avoir besoin de** (quelque chose).

_____   _____

_____   _____

_____   _____

5. Répondez aux questions en utilisant le pronom **en.**

a) Avez-vous un télécopieur ?

Oui, nous _____.

b) Fait-elle des photocopies ?

Oui, _____.

c) Achètes-tu du papier ?

Oui, _____.

d) Achètes-tu des enveloppes ?

Non, _____.

e) Louent-ils un photocopieur ?

Oui, _____.

f) A-t-il un ordinateur ?

Oui, _____.

g) Utilise-t-elle une calculatrice ?

Oui, _____.

h) Ont-elles des porte-documents ?

Non, _____.

LA CONVERSATION AU BUREAU

Au bureau, il est très important de bien communiquer avec ses collègues. Cela peut paraître simple quand on s'exprime dans sa langue maternelle. Cependant, quand on doit s'exprimer dans une langue seconde, ce n'est plus aussi simple! Voici quelques conseils si vous devez parler en français au bureau et que vous n'avez pas confiance en vous.

Développez votre confiance!

Plus vous pratiquerez votre français, plus vous aurez confiance en vous. Si vous n'essayez jamais de parler français avec vos collègues et vos clients, il est évident que vous ne réussirez pas à développer votre confiance! Pour commencer, parlez français dans des contextes de conversation générale. Prenez l'habitude de saluer vos collègues en français.

Exemples de salutations:

> — Bonjour, comment ça va?
>
> — Bonjour, vous allez bien aujourd'hui?
>
> — Bonne soirée!
>
> — Bonne fin de semaine!

Quand vous serez plus confiant ou confiante, vous pourrez faire des interventions durant des conversations en français.

Durant les réunions ou d'autres rassemblements de collègues, vous pouvez intervenir en français, sans nécessairement devoir parler longuement.

Exemples d'interventions possibles:

> — Si je peux me permettre, j'aimerais dire…
>
> — Je suis tout à fait d'accord avec…
>
> — Je ne suis pas d'accord avec…
>
> — Il me semble que nous pourrions…
>
> — Durant la semaine, j'ai constaté que…
>
> — J'aurais une suggestion:…
>
> — Je trouve l'idée de (nom de la personne) très intéressante.
>
> — Je voudrais préciser qu'il est très important de…
>
> — Un de mes clients m'a demandé si c'était possible de…

Quand vous vous sentirez plus à l'aise, vous pourrez participer à des conversations plus soutenues.

Le bureau

LA CONVERSATION TÉLÉPHONIQUE

Il est préférable de pratiquer des phrases clés avant de commencer à répondre au téléphone en français. Vous devez vous assurer d'avoir une bonne prononciation et d'être très attentif ou attentive durant la conversation. Voici quelques conseils pour vous préparer à parler au téléphone en français.

- **Prenez une grande respiration avant de répondre !**

    Quand le téléphone sonne et que vous devez répondre en français, prenez une grande respiration avant de décrocher le récepteur et restez calme. Cessez vos autres activités. Vous pouvez répondre en disant votre nom ou le nom de l'entreprise.

    Exemples :

    > — Jeanne Lejeune…

    ou

    > — Bureau du docteur Lachance.

    ou

    > — La Vie en vert, bonjour !

- **Parlez lentement et prononcez bien vos mots !**

    Quand on n'est pas habitué à parler une langue, il est important de parler lentement et de très bien prononcer les mots. Quand vous serez habitué(e), vous parlerez plus rapidement. Pratiquez des phrases clés qui peuvent vous être utiles dans votre travail. Certaines phrases vous seront utiles si vous devez répondre dans un bureau où il y a plusieurs personnes, tandis que d'autres phrases vous seront utiles si vous avez une ligne téléphonique privée.

    Exemples :

    > — Monsieur X, ou madame Y, n'est pas ici présentement.
    > — Désirez-vous laisser un message ?
    > — Vous êtes Monsieur… / Madame… ?
    > — C'est moi-même.

    ou

    > — Oui, c'est moi. Qu'est-ce que je peux faire pour vous aider ?
    > — Si vous avez d'autres questions, n'hésitez surtout pas à me rappeler.
    > — Quel est votre numéro de téléphone ?

Si vous devez téléphoner, réfléchissez à votre message avant de composer le numéro. Pratiquez des phrases clés.

Exemples :

— Est-ce que je pourrais parler à monsieur… / madame… ?

— Ici (votre nom), de (nom de votre entreprise), est-ce que je pourrais parler à monsieur… / madame…, s'il vous plaît ?

Si on vous demande de laisser un message, vous pouvez répondre :

— Oui, j'aimerais qu'il / elle me rappelle dès son retour.

ou

— Non, je le / la rappellerai plus tard, merci.

• Écoutez votre interlocuteur !

Si votre interlocuteur ou interlocutrice parle français, soyez très attentif ou attentive. Si vous ne comprenez pas tous les mots, essayez de capter l'essentiel du message. Quand vous n'êtes pas certain ou certaine d'avoir bien compris, reformulez le message et demandez à votre interlocuteur ou interlocutrice si vous avez bien compris. Assurez-vous de bien noter le nom de la personne et son numéro de téléphone. Ainsi, si vous devez transmettre l'appel à un ou une collègue plus à l'aise en français, vous pourrez lui donner ces renseignements. Plus vous écouterez parler des francophones, plus vous comprendrez facilement.

Exemples :

— Je comprends votre problème. Vous n'avez pas reçu le bon produit. Laissez-moi vérifier dans votre dossier. Ne quittez pas.

— Vous êtes Monsieur… Monsieur Lejeune, L, e, j, e, u, n, e, c'est bien ça ? Quel est votre numéro de téléphone ? 666-777-8888, c'est bien ça ? Je vous mets en communication avec monsieur X. Il va pouvoir vous aider.

— Madame Y, restez en ligne, s'il vous plaît. Je transmets votre appel à monsieur X.

— Madame Y, ne quittez pas. Je vais vérifier auprès de ma superviseure.

Si vous ne comprenez pas le nom de la personne, vous pouvez lui demander :

— Pouvez-vous épeler votre nom, s'il vous plaît ?

Si vous ne comprenez rien, vous pouvez dire à la personne :

— Un instant, s'il vous plaît. Quelqu'un va vous servir en français. Ne quittez pas.

Prévoyez cette situation. Assurez-vous que vous connaissez une personne dans votre bureau qui peut répondre aux appels quand vous ne comprenez pas.

Le bureau

- **Soyez poli(e) !**

  Quand on commence à parler une langue seconde, on est plus nerveux et on oublie souvent d'être poli. La politesse est essentielle dans toutes les langues. Pratiquez bien vos formules de politesse avant de parler au téléphone en français.

  Exemples : — Vous allez bien ?

  — Je vous remercie d'avoir appelé.

  — Je vous souhaite une bonne journée.

  — Ça m'a fait plaisir de vous aider.

  Si vous devez faire patienter une personne :

  — Un instant, s'il vous plaît. Je vous reviens.

  — Je vous remercie d'avoir patienté.

  Si vous composez le mauvais numéro :

  — Excusez-moi, j'ai composé le mauvais numéro.

La boîte vocale

Assurez-vous de bien pratiquer le message de votre boîte vocale avant de l'enregistrer.

Exemples de messages :

— Bonjour, vous avez joint la boîte vocale de (votre nom). Je suis dans l'impossibilité de vous répondre présentement. Après le signal sonore, vous pouvez me laisser un message. Merci.

— (Votre nom). Je serai de retour à mon bureau lundi matin, le (3 juin). Pour une assistance immédiate, vous pouvez joindre (nom de la personne) au poste (238). Après la tonalité, vous pouvez me laisser un message. Merci.

EXERCICE 1   Préparez un aide-mémoire.

Pour vous aider à pratiquer votre français au bureau, préparez un aide-mémoire que vous pourrez photocopier et placer sur votre bureau de travail. Dans votre aide-mémoire, écrivez des phrases clés qui vous sont utiles quand vous parlez au téléphone.

Mon aide-mémoire téléphonique

situation	mes phrases clés

Quand un client appelle.

_____
_____
_____
_____
_____
_____

Quand je dois faire patienter
un client.

_____
_____
_____
_____
_____

Quand je veux remercier
un client.

_____
_____
_____
_____
_____

Quand je fais un appel.

_____
_____
_____
_____
_____

Quand je veux enregistrer
un message dans
ma boîte vocale.

_____
_____
_____
_____
_____

Le bureau

EXERCICE 2 Cherchez un antonyme de chacun des mots suivants. Vous trouverez les antonymes dans les textes « La conversation au bureau ». et « La conversation téléphonique ».

1. insignifiant : _____

2. compliqué : _____

3. crainte : _____

4. rapidement : _____

5. distrait : _____

6. raccrocher (le récepteur) : _____

7. continuer : _____

8. nuire : _____

EXERCICE 3 Écrivez une réplique appropriée en fonction des indices mis entre parenthèses. Vous êtes au bureau et vous répondez au téléphone.

Exemple : — Est-ce que je pourrais parler à monsieur Ferland ?
(Non, il n'est pas là.)
— Monsieur Ferland n'est pas ici présentement. Désirez-vous laisser un message ?

1. Est-ce que je pourrais parler à monsieur Ferland ?

(Oui, c'est possible.)

_____

2. Est-ce qu'elle va revenir bientôt ?

(Elle va revenir vers 16 h.)

_____

3. J'ai un problème. J'ai reçu la facture, mais le montant n'est pas le bon.

(Vous devez mettre l'appel en attente pour vérifier dans l'ordinateur.)

_____

4. Je m'appelle Katsek Dhestourestos.

(Vous voulez savoir comment épeler le nom.)

_____

5. Je voudrais parler à Myriam.

(Il n'y a pas de Myriam à votre bureau.)

_____

6. J'aimerais parler à madame Desrochers.

(Oui, mais vous devez demander de patienter. Madame Desrochers parle sur une autre ligne.)

_____

L'impératif présent

Quand on veut faire des **recommandations** ou donner des **ordres** à quelqu'un, on peut utiliser l'impératif présent.

Exemples : — Apporte-moi le dossier, s'il te plaît.

— Téléphonez à monsieur Dubois immédiatement, s'il vous plaît.

— Assurez-vous de bien verrouiller les portes avant de partir.

— Ne laissez jamais les dossiers ouverts sur les bureaux.

— Regarde dans le tiroir. Les clés sont là.

La formation de l'impératif présent

Presque tous les verbes se conjuguent comme au présent de l'indicatif. Toutefois, l'impératif présent ne se conjugue qu'aux trois personnes à qui on s'adresse directement, c'est-à-dire :

Exemple : **expliquer**

2ᵉ personne du singulier   (tu)   explique
1ʳᵉ personne du pluriel   (nous) expliquons
2ᵉ personne du pluriel   (vous) expliquez

NOTEZ

Pour les verbes du 1ᵉʳ groupe, il n'y a pas de **-s** final à la 2ᵉ personne du singulier, contrairement au présent de l'indicatif.

Exemple : expliqu**er**

Au présent de l'indicatif : Tu nous expliqu**es** le problème.

Au présent de l'impératif : Explique-nous le problème.

Le bureau

Avoir, être, aller, faire à l'impératif présent

Quatre verbes irréguliers à mémoriser.

Avoir	**Être**	**Aller**	**Faire**
aie	sois	va	fais
ayons	soyons	allons	faisons
ayez	soyez	allez	faites

 L'impératif présent

Voir les Références grammaticales, pages 255 et 256.

EXERCICE 4 Conjuguez les verbes suivants à l'impératif présent.

1. **Regarder**

_____
_____
_____

2. **Dire**

_____
_____
_____

3. **Répondre**

_____
_____
_____

4. **Finir**

_____
_____
_____

5. **Faire**

_____
_____
_____

6. **Aller**

_____
_____
_____

EXERCICE 5 Récrivez les phrases en utilisant l'impératif présent.

Exemple : — Je te dis de répondre au téléphone.
           — Réponds au téléphone.

1. Je te dis d'aller chercher le dossier.

_____

2. Je vous dis de conserver la copie rose.

_____

3. Je vous dis de faire 10 photocopies de ce document.

_____

4. Je te dis d'envoyer la documentation par la poste.

_____

5. Je vous dis de signer au bas de la première page du contrat.

_____

6. Je vous dis de lire le deuxième paragraphe de la lettre.

_____

EXERCICE 6 Écrivez les phrases suivantes à la forme négative.

Exemple : — Envoie cette lettre.
           — N'envoie pas cette lettre.

1. Fais ce travail aujourd'hui.

_____

2. Insistez auprès du client.

_____

3. Laissez la porte ouverte.

_____

4. Allez dans la salle de conférences.

_____

5. Prenons notre décision immédiatement.

_____

6. Discutez des problèmes durant votre heure de dîner.

_____

L'impératif présent et les pronoms

 OBSERVEZ

	forme affirmative	forme négative
	Parle-**moi.**	Ne **me** parle pas.
	Écoutons-**le.**	Ne **l'**écoutons pas.
	Répondez-**lui.**	Ne **lui** répondez pas.
	Demandez-**leur.**	Ne **leur** demandez pas.

	forme affirmative	forme négative
	moi	me
Pronoms utilisés	toi	te
avec l'impératif	le, la, l', lui	le, la, l', lui
	nous	nous
	vous	vous
	les, leur	les, leur
Règles	1. Le pronom est placé après le verbe. 2. On met un trait d'union (-) entre le verbe et le pronom.	Le pronom est placé devant le verbe. On ne met pas de trait d'union.

NOTEZ

À la forme affirmative, on utilise les pronoms accentués **moi** et **toi.** Dans les autres cas, on utilise les pronoms compléments directs et les pronoms compléments indirects que vous avez étudiés précédemment.

EXERCICE 7 Récrivez les phrases en utilisant l'impératif présent suivi du pronom approprié.

Exemple : — Tu dois m'écouter.
          — Écoute-moi.

1. Nous devons nous asseoir.

_____

2. Vous devez me regarder.

_____

3. Tu dois appeler Sébastien.

_____

4. Vous devez leur dire la vérité.

_____

5. Tu dois parler à Sophie.

_____

6. Vous devez vendre ces produits.

_____

7. Vous devez écrire aux clients.

_____

8. Vous devez nous répondre par écrit.

_____

9. Tu dois me prévenir.

_____

10. Nous devons nous rencontrer.

_____

EXERCICE 8 Répondez aux questions de façon affirmative en utilisant l'impératif présent suivi du pronom approprié.

Exemple : — Est-ce que tu veux que je dépose les enveloppes sur la table ?
— Oui, dépose-les sur la table.

1. Est-ce que je dois rappeler madame Leclerc aujourd'hui ?

_____

2. Est-ce que nous devons signer le contrat ?

_____

3. Est-ce que j'envoie les factures aujourd'hui ?

_____

4. Je range les dossiers ?

_____

5. J'imprime le rapport ?

_____

6. Est-ce que nous devons prévenir monsieur Larose ?

_____

Le bureau

LES CHIFFRES AU BUREAU

Avec une calculatrice,

on peut **additionner.**
Exemple : cinq **plus** trois.

on peut **soustraire.**
Exemple : cinq **moins** trois.

on peut **multiplier.**
Exemple : Neuf **multiplié par** trois.

on peut **diviser.**
Exemple : Neuf **divisé par** trois.

Cinq plus trois
égale huit.

Cinq moins trois
égale deux.

Neuf multiplié
par trois
égale vingt-sept.

Neuf divisé
par trois
égale trois.

EXERCICE 9 Écrivez en lettres les symboles mathématiques et trouvez les réponses. Suivez l'exemple ci-dessous.

Exemple : $8 - 2 = ?$
8 moins 2 égale 6.

1. $4 + 7 = ?$

_____

2. $24 \div 6 = ?$

_____

3. $30 \times 3 = ?$

_____

4. $57 - 6 = ?$

_____

5. $99 \div 9 = ?$

_____

6. $80 \times 2 = ?$

_____

7. $340 + 50 = ?$

_____

8. $100 \times 6 = ?$

_____

9. $2000 \div 2 = ?$

_____

10. $100\,000 \times 5 = ?$

_____

11. $1\,000\,000 \div 10 = ?$

_____

12. $3\,000\,000 - 3\,000\,000 = ?$

_____

Le bureau

Les chèques

On dit que l'argent est un langage universel. Cependant, quand on doit faire un chèque, on se rend compte que ce n'est pas tout à fait vrai…

Si vous devez faire des chèques en français, apprenez rapidement les règles suivantes.

1. Les nombres **inférieurs à cent** (**100**) prennent un **trait d'union** (**-**), sauf les nombres qui ont un **et.**

   Exemples : (17) dix-sept

   (22) vingt-deux

   (35) trente-cinq

   (68) soixante-huit

   (81) quatre-vingt-un

   mais

   (21) vingt et un

   (31) trente et un

   (41) quarante et un

   (51) cinquante et un

   (61) soixante et un

   (71) soixante et onze

2. Les nombres **supérieurs à cent** (**100**) **ne** prennent **pas de trait d'union** (**-**).

   Exemples : (101) cent un

   (214) deux cent quatorze

   (950) neuf cent cinquante

En somme…

417 = quatre cent dix-sept

Justification : Quatre cents est supérieur (>) à cent.

Dix-sept est inférieur (<) à cent.

 NOTEZ

Il ne faut pas dire : « Quatre cent dix-sept est supérieur à cent. »

Il faut dire : « Quatre cents est supérieur à cent et dix-sept est inférieur à cent. »

Pourquoi ? Parce que 417 est une addition : c'est quatre cents plus dix-sept (400 + 17).

Voici d'autres exemples :

219 = deux cent dix-neuf (200 + 19)

385 = trois cent quatre-vingt-cinq (300 + 85)

538 = cinq cent trente-huit (500 + 38)

1467 = mille quatre cent soixante-sept (1000 + 400 + 67)

2621 = deux mille six cent vingt et un (2000 + 600 + 21)

3. La règle de **vingt** et **cent**

   Vingt et **cent** prennent un **s** à deux conditions :
   – ils doivent être multipliés ;
   – ils doivent terminer le nombre.
   Ces deux conditions sont obligatoires.
   Exemples :

           80 $:   quatre-vingts dollars
                   → Vingt est multiplié et il termine le nombre.

          400 $:   quatre cents dollars
                   → Cent est multiplié et il termine le nombre.

   mais

           20 $:   vingt dollars
                   → Vingt n'est pas multiplié.

           85 $:   quatre-vingt-cinq dollars
                   → Vingt ne termine pas le nombre.

          100 $: cent dollars
                   → Cent n'est pas multiplié.

          210 $: deux cent dix dollars.
                   → Cent ne termine pas le nombre.

4. **Mille** est invariable.
   Exemple : deux mille

5. **Million** et **milliard** sont des noms. Ils prennent un **s** quand ils sont au pluriel.
   Exemples : deux millions
               deux milliards

EXERCICE 10 Écrivez en lettres les nombres suivants.

1. 20 : _____

2. 100 : _____

3. 140 : _____

4. 280 : _____

5. 678 : _____

6. 999 : _____

7. 1015 : _____

8. 5795 : _____

9. 10 000 : _____

10. 300 000 : _____

11. 1 000 000 : _____

12. 2 000 000 000 : _____

Le bureau

LE PROTOCOLE D'UNE LETTRE

Le 3 janvier 2008 ———————————————— 1. la date

Monsieur Marc Legrand
Directeur commercial
4567, rue Sherbrooke Ouest ————————————— 2. l'adresse du destinataire
Bureau 355
Montréal (Québec)
M3H 4R2

Objet : Demande d'une copie de facture ———————————— 3. l'objet

Monsieur, ————————————————————————— 4. l'appel

Pour faire suite à votre demande, je vous fais parvenir
une autre copie de la facture n° 5894.

Recevez, Monsieur, mes salutations distinguées. ———— 5. la formule de salutation

Jean Dumontaie
Jean Dumontaie
Consultant

Pièce jointe : Copie de la facture ———————————— 6. la mention de pièce jointe

1. La date

On écrit le nom du mois en lettres minuscules.
Exemple : Le 3 janvier 2008

On peut écrire le nom de la ville suivi d'une virgule.
Exemple : Montréal, le 3 janvier 2008

2. L'adresse du ou de la destinataire

a) Le nom du ou de la destinataire

On écrit **Madame** ou **Monsieur** suivi du nom.

Exemple : Madame Maryse Lemieux

Il est préférable de ne pas utiliser les abréviations (Mme ou M.).

b) Le titre de sa fonction

Exemples : Directeur commercial

Directrice des ressources humaines

c) L'adresse de correspondance

Le numéro d'immeuble et le nom de la voie de communication.
Mettre une virgule après le numéro d'immeuble.

Exemples : 4567, rue Sherbrooke Est

3210, boulevard Décarie

8989, avenue de l'Église

4444, chemin de la Côte-Sainte-Catherine

L'adresse peut être une case postale.

Exemple : Case postale 833

Les abréviations

boulevard : boul.
avenue : av.
chemin : ch.
case postale : C. P.

d) Le numéro de bureau ou d'appartement

Exemples : Bureau 355

Appartement 121

Les abréviations

bureau : bur.
appartement : app.

e) Le nom de la ville et le nom de la province mis entre parenthèses

Montréal (Québec)
Québec (Québec)
Toronto (Ontario)

f) Le code postal

Exemple : H9H 1C8

Le bureau

3. L'objet

On indique le plus clairement possible le sujet de la lettre.

On inscrit cette mention en caractères gras ou on la souligne.

Exemples : **Objet : Erreur de facture**

Objet : Erreur de facture

4. L'appel

On écrit **Madame,** ou **Monsieur,**
Si on ne sait pas si la personne qui lira la lettre est un homme ou une femme, on peut écrire :

Madame, Monsieur,

Pour écrire **Chère Madame,** ou **Cher Monsieur,** vous devez avoir une relation d'amitié avec la personne.

5. La formule de salutation (à la fin de la lettre)

Voici quelques formules qui peuvent vous être utiles.

Si vous ne connaissez pas la personne, vous pourriez écrire :

Recevez, Monsieur / Madame, mes salutations distinguées.
Agréez, Monsieur / Madame, l'expression de mes sentiments distingués.

Dans le cas d'un courriel ou d'une note à une personne que vous connaissez bien, vous pourriez écrire :

Amicalement,
Cordialement,
Bien à vous,

6. Les mentions au bas de la lettre

a) La pièce jointe

Exemples : Pièce jointe : Copie de la facture
Pièces jointes : Copie du contrat et formulaire à remplir
Abréviation de pièce jointe : **p. j.**

b) La copie conforme

Exemple : Copie conforme : Mme Manon Desautels
Abréviation de copie conforme : **c. c.**

EXERCICE 11 À partir des renseignements que vous avez obtenus
en étudiant le protocole d'une lettre, cherchez les erreurs
et les oublis dans les adresses ci-dessous et corrigez-les.

1. Mrs. Laurie Tremblay

   55 rue Nantel

   Ottawa, Ontario

   H4R 1M5

2. Les services Plus-Net-Ultra

   4875, blvd. Deschamps

   Saint-Ignace, (Québec)

   L9G 4N2

   Att. Monsieur Gagnon, directeur

3. Monsieur Bolduc

   6891 ave des Pins

   Québec, Québec

   M3N 6V7

4. Mr. Chauveau

   3939, ch. Granger

   Apt # 436

   Sainte-Foy (Québec)

   V65 3R8

5. Mme. Nancy Perron

   Comptable

   Perron et associés

   Suite 492

   3636, avenue Courtemanche

   Montréal (Québec)

   B3B 4C7

EXERCICE 12   Vous travaillez dans un bureau. Vous devez rédiger une courte lettre pour un client qui n'a pas encore payé sa facture. Votre lettre doit comporter les éléments suivants :

- la date ;
- le nom du ou de la destinataire et son adresse ;
- la mention d'objet ;
- l'appel ;
- l'explication du problème ;
- une formule de salutation ;
- votre signature ;
- la mention de pièce jointe.

LE SENS DES MOTS

Les anglicismes

Il est normal qu'une langue évolue et qu'elle emprunte des mots à d'autres langues. Cependant, il faut éviter d'utiliser des mots anglais quand il existe un équivalent français. Par exemple, il est fautif de parler d'une **suite** dans un immeuble de bureaux. On doit parler d'un **bureau** ou d'une **salle.** Les anglicismes fautifs sont si nombreux qu'il existe des dictionnaires d'anglicismes pour nous aider à trouver le bon équivalent français.

EXERCICE 13 Voici des anglicismes assez répandus dans les bureaux. Dans la liste ci-dessous, trouvez les termes corrects et écrivez-les à côté de chacun des anglicismes.

Termes corrects en français

- un siège social
- le solde
- demander, exiger
- un horaire, un échéancier
- destinataire (dest.) :
- date d'échéance
- expéditeur / expéditrice (exp.) :

- Veuillez agréer, Monsieur (ou Madame), l'expression de mes salutations distinguées.
- une prime
- une carte professionnelle **ou** une carte commerciale
- les avantages sociaux
- annuler

emplois fautifs	**termes corrects**
1. à : (Sylvie Granger)	
2. de : (Patrice Potvin)	
3. Sincèrement vôtre	
4. un bureau-chef	
5. une carte d'affaires	
6. la balance (d'un compte)	
7. les bénéfices marginaux (d'un employé)	
8. un bonus (de rendement)	
9. canceller (une réunion)	
10. une cédule (de travail)	
11. charger (des frais)	
12. la date due	

Le bureau

EXERCICE 14 Lisez attentivement.

Sujet à la procrastination ?

Personne n'y échappe, ou presque. Que ce soit au bureau ou pour nos affaires personnelles, nous succombons tous à un moment ou à un autre à la tentation de remettre les choses au lendemain. Comment résister ?

Juste avant Noël, en surfant sur Internet pour y trouver des idées de cadeaux, je suis tombée sur un article intitulé « La technologie favorise la procrastination ». Le texte débutait ainsi : « Vous êtes toujours à la dernière minute dans vos achats des Fêtes ? » C'était tout à fait moi…

Je « procrastine » à l'occasion, comme un nombre grandissant de personnes. Une étude publiée en 2007 par l'Association américaine de psychologie soulignait que 26 % des Américains disent souffrir de procrastination chronique, par rapport à 5 % en 1978. Et Internet est l'un des grands responsables. Il faut avouer qu'il peut facilement nous distraire et nous donner l'illusion d'être productifs.

Si nous sommes tous sujets à remettre inutilement à plus tard les activités que nous avions planifiées, cela ne fait pas de nous des procrastinateurs chroniques. Cependant, dans tous les cas, la procrastination est une façon d'éviter de faire face à nos obligations. En retardant l'échéance et en nous noyant dans d'autres activités plus futiles, nous nous trompons nous-mêmes. Comment éviter de sombrer dans la procrastination et y échapper ? Voici mon plan d'action.

Faites taire la petite voix qui vous susurre à l'oreille : « J'ai encore le temps, je le ferai demain. » Bien que la tentation soit forte, sachez résister et rappelez-vous ce dicton : « Ne remettez pas au lendemain ce que vous pourriez faire le jour même. » Passez un contrat avec vous-même et respectez-le. Si vous aviez prévu effectuer un travail, vous devez avoir une raison sérieuse pour le reporter. La satisfaction qui accompagne l'accomplissement d'une tâche vaut mieux que la culpabilité que vous ressentiriez si vous manquiez à votre engagement.

Sachez faire la différence entre déléguer et se décharger d'une tâche qui ne vous tente pas. Déléguer n'est pas une échappatoire à vos responsabilités, et il y a des dossiers que vous seul pouvez ou devez régler. Déléguer est une fonction de gestion qui a pour objectif de réaliser un projet par la mise en commun des compétences. Ce n'est pas en faisant faire aux autres ce qui ne vous intéresse pas que vous réaliserez cet objectif. Sans compter qu'ils finiront par découvrir votre jeu et qu'ils n'auront plus envie de collaborer.

Restez concentré. Si vous travaillez à un dossier, veillez à ne pas vous laisser distraire par vos courriels (désactivez le message d'alerte des courriels entrants). Si vous devez faire une recherche dans Internet, évitez d'errer sans but sur le Web et tenez-vous-en à l'objet de votre recherche. Si vous travaillez à la maison, restez loin du réfrigérateur et aménagez-vous un espace éloigné de toutes sources de distraction. Au bureau, fermez votre porte au besoin et veillez à ne pas vous laisser déranger. Le fait d'être un adepte de la « porte ouverte » ne doit pas devenir le parfait alibi pour échapper à votre travail sous prétexte que vous êtes à l'écoute de vos collègues ou de vos employés.

Gare au perfectionnisme ! S'acharner sur une tâche ou sur un dossier est une forme de procrastination. En voulant produire du premier coup un travail parfait, on s'éternise sur un dossier qu'on ne règle pas, et on s'empêche de passer à autre chose.

Ayez confiance en vous. Ne craignez pas l'échec, le regard des autres ou l'évaluation finale que l'on fera de votre travail. En effet, la peur d'être jugé peut vous paralyser.

Si vous passez plus de temps à établir les pronostics de votre réussite qu'à travailler, vous gaspillez l'énergie dont vous avez besoin pour bien vous acquitter de vos tâches.

La procrastination n'est pas un signe de pouvoir. Inconsciemment, certaines personnes adoptent ce type de comportement pour montrer leur indépendance et le contrôle qu'elles exercent sur leur environnement. Par exemple, le fait d'arriver systématiquement en retard leur sert à prouver qu'elles sont importantes, ou encore que ce sont elles qui décident de l'horaire, et non les autres.

Méditez là-dessus, mais ne perdez pas de vue les tâches à accomplir...

Source : Nathalie Francisci, « Sujet à la procrastination », *Affaires plus,* vol. 31, n° 3, mars 2008, p. 36.

Répondez aux questions sur le texte.

1. En vous appuyant sur les renseignements fournis dans le texte, donnez une définition de la procrastination.

   _____

   _____

2. Au début du 2e paragraphe, l'auteure de l'article écrit : « Je "procrastine" à l'occasion, comme un nombre grandissant de personnes. » Selon vous, pourquoi l'auteure a-t-elle mis « procrastine » entre guillemets ?

   _____

   _____

3. D'après l'étude publiée en 2007 par l'Association américaine de psychologie, quel facteur pourrait expliquer la hausse de procrastination chronique chez les Américains ?

   _____

   _____

4. Selon l'auteure, qu'est-ce que la procrastination nous évite de faire ?

   _____

   _____

5. Dans le texte, l'auteure veut nous proposer des solutions pour éviter de sombrer dans la procrastination. Quelle phrase dans le texte nous annonce les recommandations qu'elle veut nous donner ?

   _____

   _____

6. Selon l'auteure, quel dicton peut nous aider à lutter contre la procrastination ?

   _____

   _____

Le bureau

7. D'après le texte, quelle est la différence entre **déléguer** et **se décharger d'une tâche qui ne vous tente pas**?

_____

_____

8. Qu'est-ce qui risque de se produire si vous demandez aux autres d'accomplir des tâches qui ne vous intéressent pas?

_____

_____

9. a) Citez quatre recommandations que l'auteure donne en exemples pour nous permettre de rester concentrés durant notre travail.

_____

_____

_____

b) Quel temps de verbe l'auteure utilise-t-elle pour émettre ses recommandations?

_____

10. Expliquez dans vos mots la raison pour laquelle le perfectionnisme peut devenir une forme de procrastination.

_____

_____

11. Pourquoi la peur d'être jugé(e) peut-elle vous paralyser?

_____

_____

12. Pourquoi certaines personnes adopteraient-elles inconsciemment un comportement favorisant la procrastination?

_____

_____

13. Considérez-vous être une personne souffrant de procrastination chronique? Expliquez votre réponse.

_____

_____

AUTOÉVALUATION

	Réponses possibles			
	1 Très bien	2 Bien	3 Pas assez	4 Pas du tout
VOCABULAIRE				
Je connais des phrases clés qui peuvent m'être utiles quand je parle avec des collègues.				
Je connais des phrases clés pour la conversation téléphonique.				
Je peux enregistrer un message en français dans ma boîte vocale.				
Je connais les nombres en français.				
Je connais des opérations mathématiques simples en français (additionner, soustraire, multiplier, diviser).				
Je connais les termes relatifs au protocole de la lettre (la date, l'adresse, l'appel, etc.).				
ÉLÉMENTS À L'ÉTUDE DANS LE THÈME				
Je comprends l'utilité de l'impératif présent et je sais comment conjuguer les verbes à ce temps.				
Je connais les pronoms qui accompagnent l'impératif présent.				
Je connais les règles pour écrire les nombres en lettres.				
Je peux rédiger une lettre en respectant le protocole.				
PARTICIPATION				
J'ai participé aux activités de conversation proposées en classe.				
J'ai posé des questions quand je n'étais pas certain(e) de bien comprendre la signification de mots ou de phrases.				
J'ai été respectueux(euse) quand les autres s'exprimaient.				
J'ai mémorisé des phrases clés qui peuvent m'être utiles quand je dois parler au téléphone.				
J'ai fait les exercices écrits.				
J'ai lu les textes attentivement.				
J'ai pratiqué la rédaction de lettres en suivant le protocole (la date, l'adresse, la formule de salutation, etc.).				
Je fais de plus en plus attention à l'orthographe quand j'écris.				
J'ai pratiqué mon français en dehors des cours.				
Je suis satisfait(e) de mes progrès.				

Le bureau

LES VOYAGES

Révision du contenu de niveau débutant

- les continents
- le contenu d'une valise
- **en** et **au** devant un nom de lieu
- des noms de nationalités
- le verbe **mettre** au présent, au passé composé et au futur proche
- le pronom **y** pour remplacer un lieu
- des pays dont le français est la langue officielle

Vocabulaire à l'étude

- des articles de voyage
- des attractions touristiques
- des termes relatifs au tourisme
- des mets nationaux
- des termes liés à la demande de renseignements
- des termes liés à la publicité

Éléments grammaticaux

- le pronom interrogatif **lequel** sous ses différentes formes
  lequel, laquelle, lesquels, lesquelles
- des pronoms relatifs : **qui, que, où**
- des adverbes de lieu : **ici, là, ailleurs, loin, près, partout, quelque part, là-bas**
- le pronom indéfini **personne** suivi de **ne** (**personne ne…**)

Verbe

- l'utilisation du conditionnel présent

Situations de communication ciblées

- informer sur ses goûts en matière de voyage
- informer sur un lieu
- relater un problème survenu durant un voyage
- faire une réservation
- demander des renseignements à propos d'une annonce publicitaire
- donner des renseignements sur une offre de voyage
- lire et comprendre une lettre d'affaires

RÉVISION

Faites les exercices suivants.

1. Trouvez les noms de continents à l'aide des lettres qui sont placées dans le désordre. Comme les noms de continents sont des noms propres, n'oubliez pas de mettre la majuscule.

noms de continents

a) uimaeérq _____

b) qatrnactiue _____

c) repeuo _____

d) iaes _____

e) uraqfei _____

f) ciéoena _____

2. Écrivez **en, au** ou **à** dans les espaces libres.

a) Je suis allé _____ France.

b) Nous sommes allés _____ Mexique.

c) Elles sont allées _____ Suisse.

d) Il est allé _____ Maroc.

e) Vous êtes allés _____ Taïwan.

3. Comment appelle-t-on les habitants des pays suivants?

Exemple : l'Angleterre : un Anglais, une Anglaise

	nom masculin	nom féminin
a) le Canada :	_____	_____
b) la France :	_____	_____
c) la Chine :	_____	_____
d) le Japon :	_____	_____
e) le Mexique :	_____	_____

4. Nommez les objets suivants.

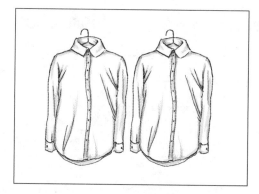

a) _____

b) _____

c) _____

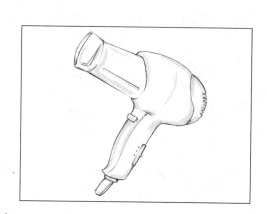

d) _____

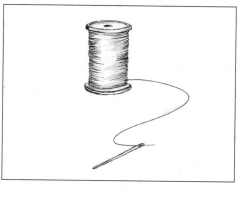

e) _____

5. Conjuguez le verbe **mettre** au présent, au passé composé et au futur proche.

Passé composé	Présent	Futur proche
_____	_____	_____
_____	_____	_____
_____	_____	_____
_____	_____	_____
_____	_____	_____
_____	_____	_____

6. Répondez aux questions en utilisant le pronom **y.**

   a) Es-tu allé à Toronto?

   Oui, _____.

   b) Va-t-elle au bord de la mer?

   Oui, _____.

   c) Allez-vous à la campagne?

   Oui, nous _____.

   d) Vont-ils aller en Europe?

   Oui, _____.

   e) Vas-tu au Maroc?

   Non, _____.

   f) Es-tu allé en Espagne?

   Non, _____.

7. Nommez un pays dont le français est la langue officielle ou une des langues officielles...

   a) en Amérique: _____

   b) en Europe: _____

   c) en Afrique: _____

POUR DÉCIDER OÙ L'ON VA

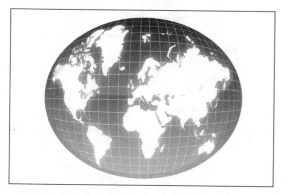

On peut regarder une mappemonde.

On peut regarder un globe terrestre.

On peut lire des brochures touristiques.

On peut consulter un agent
de voyages ou une agente de voyages.

QUAND VOUS VOYAGEZ

Apportez-vous un appareil photo ?

Apportez-vous une caméra vidéo ?

Les voyages

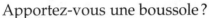

Apportez-vous une boussole ?   Envoyez-vous des cartes postales ?

EXERCICE 1   Nommez les attractions touristiques et indiquez dans quelle région du monde on peut les voir.

le Taj Mahal – la tour Eiffel – le Big Ben – le Sphinx – une gondole – la statue de la Liberté – une corrida – le Colisée

1. C'est _____
   que l'on* peut voir en

   _____.

2. C'est _____
   que l'on peut voir en

   _____.

3. C'est _____
   que l'on peut voir en

   _____.

4. C'est _____
   que l'on peut voir en

   _____.

5. C'est _____

que l'on peut voir en

_____ .

6. C'est _____

que l'on peut voir à

_____ .

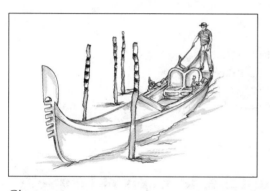

7. C'est _____

que l'on peut voir à

_____ .

8. C'est _____

que l'on peut voir en

_____ .

NOTEZ

* **l'on**

En général, pour une question de son, il est préférable de remplacer **on** par **l'on** après les mots suivants : **et, ou, où, que, à qui, à quoi** et **si**.

Les nouvelles tendances touristiques

Quand on parle de tourisme, on pense souvent au tourisme culturel, qui consiste à voyager pour découvrir les richesses et les beautés des pays. On connaît aussi le tourisme d'affaires, qui consiste à voyager pour se rendre à des congrès, des foires ou des salons.

Cependant, on observe de nouvelles formes de tourisme.

Le tourisme médical. En effet, des millions de gens partout dans le monde se rendent dans des pays étrangers pour recevoir des soins et se détendre.

Les voyages

Le tourisme vert *ou* **l'écotourisme.** Cette forme de tourisme vise à favoriser la protection de l'environnement, à diminuer la pollution et à sensibiliser les touristes à l'importance de la conservation des milieux naturels. Les gens choisissent de voyager en train ou d'utiliser les navettes que les établissements hôteliers mettent à leur disposition pour visiter des régions naturelles.

Le tourisme équitable. Un nombre grandissant de vacanciers choisissent de séjourner dans des bidonvilles en Afrique ou des favelas au Brésil plutôt que d'aller dans des hôtels luxueux. Ces gens contribuent activement à favoriser la solidarité, la fraternité et la paix entre les peuples.

EXERCICE 2 Parmi les voyages suivants, lequel vous plairait le plus et lequel vous ferait le plus peur ? Expliquez vos choix.

- Un voyage de 10 jours dans l'Arctique.
- Un safari de 15 jours dans la brousse africaine.
- Une excursion de 2 semaines dans la jungle tropicale.
- Une excursion de 10 jours dans le désert du Sahara.
- Un séjour d'un mois dans un bidonville en Amérique du Sud.
- Une excursion d'une dizaine de jours pour faire l'ascension du mont Kilimandjaro.
- Un voyage d'un mois à vélo en Indochine.

Les pronoms interrogatifs **lequel, laquelle, lesquels** et **lesquelles**

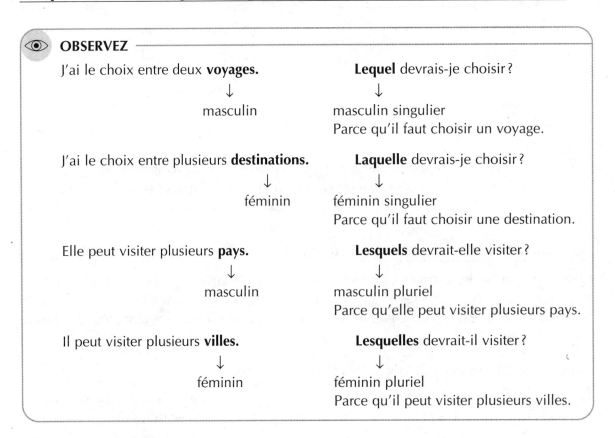

OBSERVEZ

J'ai le choix entre deux **voyages.**
↓
masculin

Lequel devrais-je choisir ?
↓
masculin singulier
Parce qu'il faut choisir un voyage.

J'ai le choix entre plusieurs **destinations.**
↓
féminin

Laquelle devrais-je choisir ?
↓
féminin singulier
Parce qu'il faut choisir une destination.

Elle peut visiter plusieurs **pays.**
↓
masculin

Lesquels devrait-elle visiter ?
↓
masculin pluriel
Parce qu'elle peut visiter plusieurs pays.

Il peut visiter plusieurs **villes.**
↓
féminin

Lesquelles devrait-il visiter ?
↓
féminin pluriel
Parce qu'il peut visiter plusieurs villes.

EXERCICE 3   Récrivez les questions en utilisant un pronom interrogatif (lequel, laquelle, lesquels ou lesquelles).

Exemple : Quel hôtel est le plus luxueux ?
Lequel est le plus luxueux ?

1. Quel voyage coûte le moins cher ?

   _____

2. Quel restaurant est le plus renommé ?

   _____

3. Quelles villes ont-ils visitées ?

   _____

4. Quels spectacles êtes-vous allés voir ?

   _____

5. Quels musées ont-elles visités ?

   _____

6. Quelle plage est la plus belle ?

   _____

EXERCICE 4   Complétez les questions en utilisant un pronom interrogatif (lequel, laquelle, lesquels ou lesquelles).

La veille de leur départ pour la Jamaïque, Janie et Maxime préparent leurs bagages.

1. Janie.   — J'ai six maillots de bain et je veux en emporter quatre.

   _____ devrais-je emporter ?

2. Maxime.   — Je dois emporter des chemises. _____ devrais-je choisir ?

3. Janie.   — J'ai une veste rouge et j'en ai une blanche. _____ serait la plus pratique ?

4. Maxime.   — Nous avons trois guides touristiques, mais je pense qu'un guide sera suffisant. _____ devrions-nous choisir ?

5. Janie.   — Tu devrais emporter un de tes imperméables. _____ veux-tu emporter ?

6. Maxime.   — Je peux te prêter une de mes casquettes. _____ préfères-tu ?

Les pronoms relatifs **qui, que** et **où**

 OBSERVEZ

La différence entre les pronoms relatifs qui et que

Paris est une ville **qui** est magnifique.

Paris est une ville **que** je trouve magnifique.

Qui et **que** sont deux **pronoms relatifs.**

Quelle est la différence entre **qui** et **que** ?

- **Qui est le sujet** du verbe dans la proposition relative.

  Exemple : Paris est une ville **qui** est magnifique.

  ↓

  (**commande** le verbe de la proposition relative)

- **Que n'est pas le sujet** du verbe dans la proposition relative.

  Exemple : Paris est une ville **que** je trouve magnifique.

  ↓

  (**ne commande pas** le verbe de la proposition
  relative ; c'est **je** qui est le sujet de **trouve.**)

Voici d'autres exemples :

Il y a des monuments **qui** sont superbes.

↓

(**commande** le verbe de la proposition relative)

Il y a des monuments **que** tu trouverais superbes.

↓

(**ne commande pas** le verbe de la proposition
relative ; c'est **tu** qui commande **trouverais.**)

J'ai fait un voyage **qui** est inoubliable.

↓

(**commande** le verbe de la proposition relative)

J'ai fait un voyage **que** je n'oublierai jamais.

↓

(**ne commande pas** le verbe de la proposition
relative ; c'est **je** qui commande **oublierai.**)

NOTEZ

Que devient **qu'** devant une **voyelle** ou un **h muet**.

Exemple : Elle a fait un voyage **qu'**elle n'oubliera jamais.

Le pronom **où**

Où est un pronom qui remplace un lieu qui a été mentionné précédemment.
Exemples :

Paris est une ville **où** l'on trouve de nombreux petits bistros très sympathiques.

↓

où remplace la ville de Paris.

Il est important de choisir une destination **où** toute la famille peut s'amuser.

↓

où remplace une destination.

EXERCICE 5 Complétez les phrases en écrivant **qui, que** ou **où** dans les espaces libres.

1. J'aime les hôtels _____ sont très luxueux.

2. Il y a des gens _____ préfèrent séjourner dans de petites auberges.

3. Avant de partir en voyage, je fais toujours une liste des choses _____ je dois emporter.

4. Je n'aime pas faire des voyages _____ durent trop longtemps.

5. Quand je voyage, j'aime acheter des choses _____ je ne peux pas trouver ici.

6. Je ne sais pas _____ je devrais aller pour obtenir des renseignements sur les attractions touristiques de la région.

7. Je lui ai dit _____ j'irais le conduire à l'aéroport.

8. L'agence de voyages ne nous a pas dit _____ nous pourrions aller en cas de mauvais temps.

9. Il prend l'avion _____ fait escale à Vancouver.

10. Nous devrions acheter un guide touristique _____ présente une liste des meilleurs restaurants.

11. J'ai oublié le nom de l'hôtel _____ vous m'avez recommandé.

Les voyages

12. J'ai oublié le nom de l'hôtel _____ nous avons séjourné la dernière fois que nous sommes allés dans cette région.

13. Elle veut prendre le train _____ part à 7 h.

14. En Martinique, on trouve des plages _____ le sable est blanc comme la neige.

EXERCICE 6 Complétez les phrases en conjuguant le verbe **aller** au conditionnel présent et en choisissant le bon endroit dans la liste ci-dessous.

Allemagne – Lac-Saint-Jean – Maroc – Grèce – France – Chine – Japon – Inde

Exemple : Si elle voulait manger de la paella, elle **irait en Espagne.**

1. Si je voulais manger du pâté de foie gras et boire du bon vin, j' _____

   _____.

2. Si elle voulait manger des souvlakis, elle _____.

3. S'il voulait manger du riz au curry, il _____.

4. Si nous voulions manger du couscous, nous _____.

5. Si vous vouliez manger des sushis, vous _____.

6. Si elles voulaient boire de la bière et manger de la choucroute, elles _____

   _____.

7. Si tu voulais manger de la cuisine cantonaise, tu _____.

8. Si l'on voulait manger de la tourtière, on _____.

EXERCICE 7 Des restaurants à découvrir

Voici cinq restaurants qui proposent de nouveaux concepts pour attirer les touristes venant de partout dans le monde. Parmi ces cinq restaurants, choisissez-en deux. À l'aide des renseignements donnés, rédigez un court texte sur chacun des deux restaurants choisis pour donner envie aux touristes de les découvrir. Utilisez les pronoms relatifs **qui, que** et **où** quand vous le pouvez.

Exemples : C'est un restaurant qui sert…

           C'est un endroit que je vous recommande si vous aimez…

           Ce restaurant est un endroit où…

1. Restaurant : Auberge Angevine

   Pays : France

   Ville : Angers (dans la région des Pays de la Loire)

   Cuisine : des mets du Moyen Âge (15e siècle)

   Particularité : Les repas sont servis dans une chapelle néogothique du 19e siècle.

2. Restaurant : Phare de la Méditerranée

   Pays : France

   Ville : Palavas-les-Flots (dans la région du Languedoc-Roussillon)

   Cuisine : cuisine française traditionnelle et fruits de mer

   Particularité : C'est un restaurant tournant se trouvant à 45 mètres du sol et offrant une vue à 360 degrés sur la Méditerranée.

3. Restaurant : Évo

   Pays : Espagne

   Ville : Barcelone

   Cuisine : cuisine gastronomique (75 couverts)

   Particularité : Le restaurant a l'apparence d'une soucoupe volante au-dessus de la tour de l'Hôtel Hesperia. Les clients doivent emprunter un ascenseur très original pour s'y rendre.

4. Restaurant : Ithaa

   Pays : République des Maldives

   Lieu : l'île Rangali

   Cuisine : cuisine traditionnelle à saveurs locales (épices, noix de coco, pistaches, gingembre et autres)

   Particularité : C'est le premier restaurant aquarium au monde, situé à cinq mètres sous le niveau de la mer, dans un lagon de l'océan Indien.

5. Restaurant : Big Texan Steak Ranch

   Pays : États-Unis

   Ville : Amarillo au Texas

   Cuisine : une variété de grillades

   Particularité : Le restaurant vous propose un steak de 2 kg (72 onces) que vous ne paierez pas si vous réussissez à le manger en une heure.

Les voyages

EXERCICE 8 Les adverbes de lieu

Voici huit adverbes de lieu. Si vous ne connaissez pas certains de ces adverbes, cherchez-en la signification dans le dictionnaire. Remplissez les espaces libres en utilisant l'adverbe qui convient le mieux. Dans certains cas, il peut y avoir plus d'une réponse possible.

ici – là – ailleurs – loin – près – partout – quelque part – là-bas

1. Chaque année, nous allons au même endroit. Cette année, j'aimerais bien aller _____ .

2. Regarde sur la carte routière : nous sommes situés _____ et nous devons nous rendre _____ .

3. Nous avons fait un merveilleux voyage ! _____ où nous sommes allés, il y avait toujours quelque chose à découvrir.

4. — Regarde l'âne qui se promène avec deux gros paniers.

   — Où ça ?

   — Tu vois le petit pont ? Il est tout _____ .

5. Nous partirons très tôt demain matin et nous nous arrêterons _____ pour manger.

6. La gare est trop _____ pour qu'on y aille à pied.

7. Il y a vraiment trop de bruit dans cet hôtel. Nous devrions aller _____ .

8. J'ai cherché des piles pour mon appareil photo _____ et je n'en ai pas trouvé. Ils doivent sûrement en vendre _____ .

9. On devrait aller s'asseoir _____ . Il y a moins de monde qu' _____ .

10. J'ai laissé mon sac _____ , mais je n'arrive plus à me souvenir où.

Personne ne…

Le pronom indéfini **personne** suivi de **ne** a un sens négatif.
Personne ne… = aucune personne

Personne ne me l'avait dit !

◉ OBSERVEZ

Avant qu'il parte en voyage, **personne ne** lui avait dit qu'il devait apporter son passeport.
La conséquence : Il n'a pas pu partir parce qu'il n'avait pas son passeport !

Pendant qu'elle était au Mexique, **personne ne** lui avait dit que tous les chauffeurs d'autocar roulaient très vite.
La conséquence : Elle a eu la peur de sa vie !

Personne ne lui avait dit que ce n'était pas prudent de laisser des objets de valeur dans sa chambre d'hôtel.
La conséquence : Il s'est fait voler sa montre et ses chèques de voyage !

EXERCICE 9 Répondez aux questions.

1. Pour répondre aux questions suivantes, utilisez **personne ne…**

   a) Est-ce que quelqu'un lui avait dit que les gens conduisaient à gauche en Angleterre ?

   Non, _____.

   b) Est-ce que quelqu'un leur avait dit où le musée était situé ?

   Non,, _____.

   c) Est-ce que quelqu'un vous avait dit de ne pas boire l'eau du robinet là-bas ?

   Non, _____.

   d) Est-ce que quelqu'un t'avait dit de t'habiller chaudement pour l'excursion ?

   Non, _____.

   e) Est-ce que quelqu'un vous avait dit de réserver une chambre d'hôtel au moins
      six mois d'avance ?

   Non, _____.

2. Quand vous êtes allé(e) en voyage, est-ce qu'il y a des choses que personne ne vous avait dites et que vous auriez aimé savoir ? Avez-vous eu de mauvaises surprises parce que vous n'étiez pas au courant de certaines choses ?

_____

_____

_____

LE SENS DES MOTS

Un mot peut jouer plusieurs rôles. Par exemple, le mot **personne** peut être employé comme un **nom,** mais il peut aussi être employé comme un **pronom indéfini.** C'est la même chose avec le mot **lequel. Lequel** peut être un **pronom interrogatif,** mais il peut aussi être un **pronom relatif.** Quand vous cherchez dans le dictionnaire pour comprendre le sens d'un mot, il est très important de lire les exemples pour vous assurer que la définition du mot correspond bien au sens du mot dans son contexte. Par exemple, si vous cherchez le mot **personne** dans un dictionnaire bilingue, vous verrez que les traductions proposées pour le **nom** sont très différentes des traductions proposées pour le **pronom.**

EXERCICE 10 Déterminez la nature du mot en caractères gras. Ce peut être un nom, un verbe, un pronom interrogatif, un pronom relatif ou un pronom indéfini.

1. a) Je suis une **personne** qui n'aime pas beaucoup voyager. _____

   b) **Personne** ne veut prendre l'avion durant une tempête. _____

2. a) Il a fait un **voyage** très enrichissant. _____

   b) Il **voyage** toujours l'été. _____

3. a) Parmi ces hôtels, **lequel** devrais-je choisir ? _____

   b) Durant notre voyage en Afrique du Sud, nous avons vu les conditions difficiles dans **lesquelles** certaines personnes doivent vivre. _____

4. a) Nous aimons beaucoup la **cuisine** française. _____

   b) Ce chef **cuisine** des mets espagnols délicieux. _____

5. a) Nous avons fait le voyage en compagnie d'un **guide.** _____

   b) La personne qui nous **guide** dans la montagne est très expérimentée. _____

EXERCICE 11 La réservation d'une chambre d'hôtel

Vous et votre famille avez décidé de prendre une semaine de vacances à Toulouse, en France. Vous téléphonez dans un hôtel pour réserver une chambre. Rédigez des questions que vous pourriez poser.

Voici quelques expressions que vous pourriez utiliser.

- Serait-ce possible de...
- Est-ce que vous pourriez me dire...
- J'aimerais savoir...
- Je voudrais...
- Auriez-vous...
- Pourriez-vous...

Durant votre conversation, vous devez obtenir des renseignements sur les éléments suivants :

- les tarifs ;
- la possibilité d'avoir un lit de bébé dans la chambre ;
- la possibilité d'avoir un animal de compagnie ;
- l'accès à Internet ;
- l'air climatisé ;
- le petit déjeuner compris ou non dans le prix ;
- les conditions d'annulation (En cas d'annulation, y a-t-il des frais ?).

EXERCICE 12 Une annonce publicitaire attrayante

Vous feuilletez le journal et vous voyez l'annonce publicitaire suivante.

MEXIQUE Puerto Vallarta

769 $

- Hôtel 3 étoiles
- 7 nuits
- Presque tout est compris.

Communiquez avec votre agence de voyages.

Comme vous aimeriez bien passer quelques jours au Mexique, vous décidez de téléphoner à une agence de voyages pour obtenir des renseignements supplémentaires. Avec un ou une camarade de classe, improvisez un court dialogue entre l'agent ou l'agente de voyages et vous.

Le client ou la cliente doit obtenir les renseignements suivants :
- les dates et les heures prévues de départ et de retour ;
- le nom de l'hôtel et son emplacement (sur la plage ou non) ;
- le nom de la compagnie aérienne ;
- les éléments compris et les éléments non compris dans le forfait ;
- la date limite pour réserver.

L'agent ou l'agente de voyages doit répondre aux questions en consultant la fiche descriptive.

Fiche descriptive du voyage annoncé

L'hôtel n'a plus de chambre libre dans la semaine demandée.
Possibilité de réservation la semaine suivante au prix de 969 $.
Le forfait est pour une semaine, pour deux adultes.
La compagnie aérienne : Voyageair.
L'heure de départ de Montréal : 13 h 30. Arrivée à Puerto Vallarta : 17 h.
L'heure de départ de Puerto Vallarta pour le retour : 18 h 30.
Arrivée prévue : 1 h du matin.

Renseignements supplémentaires

L'hôtel est à cinq minutes de marche de la plage.
Piscine magnifique.
Facile d'aller se promener en ville.
Trois repas par jour, vin et boissons à volonté entre 10 h et 22 h.
Les collations, les boissons et le buffet sont aux frais du client entre 22 h et 2 h du matin.

EXERCICE 13 Les phrases suivantes comportent des erreurs. Soulignez les erreurs et récrivez chaque phrase correctement.

1. Pendant que j'étais à Rome, j'oublie toujours mon appareil photo dans la chambre et je ne peux pas photographier les monuments historiques.

_____

_____

2. J'ai demandé au client : « Veux-tu de les renseignements pour aller à l'Europe ou pour aller dans les États-Unis ? »

_____

_____

3. Il a allé déjà dans le Brésil, mais il est peur parce que les gens parlent portugais à lui et il comprend rien.

_____

_____

4. Elle mangé des mets mexicains très épicés à le restaurant de la hôtel.

_____

_____

5. Hier, je vois l'annonce dans Internet et je téléphoné, mais la personne dit à moi qu'il est trop tard pour faire réserver la chambre.

_____

_____

EXERCICE 14 Lisez attentivement.

La publicité des agences de voyages du Québec

Lettre de l'Office de la protection du consommateur à l'intention de tous les agents de voyages

Dans le cadre de la surveillance qu'il effectue à l'égard de la publicité des agents de voyages, l'Office de la protection du consommateur a constaté que plusieurs agents de voyages ne respectaient pas toutes les règles applicables en matière de publicité. L'Office désire rappeler les dispositions du Règlement sur les agents de voyages relatives à la publicité. Certaines de ces dispositions s'appliquent à toute forme de publicité faite par un agent de voyages, qu'il s'agisse d'une publicité dans un média écrit ou électronique ou encore sur un panneau publicitaire, un encart ou un feuillet distribué au public, dans une brochure ou sur un site Internet. Par ailleurs, des règles particulières s'appliquent à l'égard des publicités écrites ou des brochures.

La mention « titulaire d'un permis du Québec »

- Toute forme de publicité doit faire ressortir de façon plus évidente le coût total des services lorsqu'elle fait mention d'un coût qui ne comprend pas toutes les sommes qui doivent être payées pour la prestation des services.
- **Lorsque la publicité est écrite,** les caractères typographiques utilisés pour indiquer le coût total doivent être deux fois plus gros que ceux utilisés pour mentionner tout autre coût.
- Le coût total des services comprend tous les frais, redevances et taxes.
- Le coût total des services annoncés peut toutefois exclure la TPS, la TVQ et la contribution au Fonds d'indemnisation des clients des agents de voyages. La publicité doit faire mention de l'inclusion ou de l'exclusion de ces taxes et de cette contribution au Fonds.

Renseignements que doit contenir une publicité écrite ou imprimée

- Toute publicité écrite ou imprimée relative à des voyages doit comporter :
  - l'énumération des prestations de transport, d'hébergement et de restauration comprises dans le voyage ;
  - le nom du transporteur aérien prévu lors de la publication ;
  - la durée du voyage ;
  - la période au cours de laquelle le voyage peut être acheté au prix annoncé, c'est-à-dire la date à laquelle le client peut se prévaloir du prix annoncé et celle où l'offre prend fin.
- Il convient de préciser qu'une publicité sur un site Internet constitue une publicité écrite.

Les brochures

- Les prix annoncés dans une brochure ne peuvent pas être augmentés dans les 60 jours suivant sa publication sauf dans les cas spécifiquement prévus par règlement.
- Les seuls cas d'augmentation possibles pendant la période de 60 jours sont les augmentations résultant d'une augmentation de taxes, de redevances ou de frais autorisés par une autorité publique compétente. Ainsi, une augmentation résultant d'une hausse du coût du carburant décrétée par l'Office des transports du Canada est permise, mais non celle résultant d'une décision unilatérale d'une compagnie aérienne.

Par ailleurs, l'Office désire rappeler également que les agents de voyages sont assujettis aux dispositions de la *Loi sur la protection du consommateur* en matière de pratiques interdites.

Voyages non disponibles

- Un agent de voyages ne peut pas, dans une publicité, passer sous silence un fait important. À titre d'exemple, il est tenu d'indiquer, le cas échéant, que le prix du voyage annoncé ne s'applique que pour des dates précises.
- Lorsque le voyage annoncé n'est pas disponible en quantité suffisante pour répondre à la demande du public, l'agent de voyages doit indiquer dans sa publicité qu'il ne dispose que d'une quantité limitée et il doit indiquer cette quantité.

Mention « Prix sujets à changement sans préavis »

- L'agent de voyages ne peut pas exiger, pour un voyage, un prix supérieur à celui qui est annoncé pendant la période durant laquelle il est tenu de respecter ce prix, soit la période de 60 jours suivant la publication dans le cas d'une brochure (à l'exception des cas d'augmentation possibles prévus par règlement), soit la période indiquée dans la publicité dans le cas des autres annonces écrites ou imprimées.

L'Office tient à rappeler que ces règles visent à permettre aux clients des agents de voyages de prendre connaissance de tous les renseignements pertinents et de faire les comparaisons appropriées afin de prendre une décision éclairée relativement à l'achat d'un voyage. Des sanctions sévères sont prévues à la Loi en cas de non-respect des dispositions applicables en matière de publicité et il est impératif que ces règles soient respectées par tous les agents de voyages. L'Office n'aura plus aucune tolérance à l'égard des agents de voyages qui contreviennent aux règles énoncées ci-dessus et prendra les mesures qui s'imposent pour faire respecter la loi.

Source : Office de la protection du consommateur. *À tous les agents de voyages : publicité des agents de voyages*, [en ligne], 2006, www.opc.gouv.qc.ca/publications/lettres/Agents_de_voyages_Publicite.pdf (page consultée le 12 mars 2008).

Répondez aux questions.

1. À qui cette lettre s'adresse-t-elle ?

   Cette lettre s'adresse à tous les agents de voyages

2. Dans le premier paragraphe, on cite plusieurs formes de publicité. Associez chaque forme de publicité à la lettre qui correspond à la bonne définition.

   formes de publicité
   1. un panneau b)
   2. un encart a)
   3. un feuillet d)
   4. une brochure c)

   définitions des formes de publicité
   a) Feuille volante que l'on insère dans une brochure, une revue ou un journal.
   b) Surface plane destinée à servir de support à des inscriptions.
   c) Ouvrage imprimé et relié ne comportant qu'un petit nombre de pages.
   d) Feuille imprimée au recto et au verso.

3. Lorsque la publicité est écrite, le coût total peut-il être imprimé dans les mêmes caractères typographiques que d'autres coûts figurant dans la publicité ? Expliquez votre réponse.

   Non, les caractères typographiques doivent être deux fois plus gros que ceux utilisés pour indiquer le montant du coût

4. Lorsque la publicité est écrite, est-ce que le coût total du service annoncé doit comprendre la TPS et la TVQ ?

   Non, le coût total du service annoncé peut exclure la TPS et la TVQ

5. Est-ce qu'une publicité écrite ou imprimée relative à des voyages doit indiquer la date à laquelle l'offre prend fin ?

   Oui, une publicité écrite ou imprimée doit indiquer la date à laquelle l'offre prend fin

6. Est-ce qu'une publicité sur un site Internet est une forme de publicité écrite ?
Citez la phrase qui répond à cette question.

_____

_____

7. Dans le cas d'une brochure, quelle est la durée de la période qui doit être respectée
avant de pouvoir augmenter les prix annoncés dans cette brochure ?

_____

_____

8. Nommez une « autorité publique compétente » qui pourrait justifier une hausse
des prix durant cette période.

_____

_____

9. Dans quelle situation un agent de voyages doit-il préciser dans son annonce que
les quantités sont limitées ? Citez le passage qui répond à cette question.

_____

_____

_____

10. Dans les annonces écrites ou imprimées (autres que dans les brochures), combien
de temps l'agent de voyages doit-il attendre avant de pouvoir augmenter ses prix ?

_____

11. D'après le texte, pourquoi l'Office impose-t-il ces règles aux agents de voyages ?

_____

_____

12. Que fera l'Office en cas de non-respect de ces règles ?

_____

_____

AUTOÉVALUATION

	Réponses possibles			
	1 Très bien	2 Bien	3 Pas assez	4 Pas du tout
VOCABULAIRE				
Je connais les continents.				
Je connais des noms de pays et de nationalités.				
Je connais des termes relatifs au voyage et au tourisme.				
Je connais du vocabulaire relatif à la publicité.				
ÉLÉMENTS À L'ÉTUDE DANS LE THÈME				
Je connais le pronom interrogatif **lequel.**				
Je connais les pronoms relatifs **qui, que** et **où,** et je sais comment les utiliser.				
Je connais des adverbes de lieu (**ici, là, ailleurs,...**).				
Je sais comment utiliser le pronom indéfini **personne** suivi de **ne** (**personne ne...**).				
Je peux utiliser le conditionnel présent.				
PARTICIPATION				
J'ai mémorisé le vocabulaire relatif au voyage qui peut m'être utile.				
J'ai fait les exercices écrits.				
J'ai cherché des mots dans le dictionnaire pour m'aider à les comprendre.				
J'ai participé activement aux activités orales en classe.				
J'ai posé des questions pour m'assurer que je comprenais bien.				
Je mets en pratique les conseils de mon enseignant(e).				
J'ai pris l'habitude de parler français en dehors des cours.				
Je suis fier(ère) de mes progrès.				

Les voyages

Références grammaticales

LE NOM   ① 1

On peut classer les noms en deux grandes catégories.

1. Les noms animés

Les noms animés désignent une personne ou un animal.

Exemples : étudiant, chat, Jacques

Le genre (féminin ou masculin) des noms animés qui désignent des personnes est déterminé par le sexe des êtres désignés.

Exemples : un enseignant   une enseignante
                 ↓   ↓
            un homme   une femme
                 ↓   ↓
            masculin   féminin

Les noms animés au féminin

Il existe plusieurs façons de mettre des noms animés au féminin. En voici trois exemples :

Les noms qui se terminent par **-e** dans l'écriture ne varient pas au féminin.

Exemples : un élèv**e**, une élèv**e**
          un adult**e**, une adult**e**

Les noms qui se terminent par **-eur** font souvent leur féminin en **-euse**.

Exemples : un vend**eur**, une vend**euse**
          un coiff**eur**, une coiff**euse**

Les noms qui se terminent par **-teur** font souvent leur féminin en **-trice**.

Exemples : un direc**teur**, une direc**trice**
          un administra**teur**, une administra**trice**

2. Les noms inanimés

Les noms inanimés désignent une chose.

Exemples : table, travail, livre

Le genre (féminin ou masculin) des noms inanimés n'est pas déterminé par des règles précises. Il faut vérifier dans le dictionnaire le genre du nom.

Certains groupes de noms sont généralement des noms masculins.

- Les noms de métaux et de corps chimiques élémentaires (le fer, le cuivre, etc.)
- Les noms de langues (le français, le chinois, etc.)
- Les noms des jours, des mois et des saisons (le lundi, un février très froid, le printemps, etc.)
- Les noms d'arbres (un chêne, un sapin, etc.)

Les **noms de sciences** sont généralement des noms **féminins.**

Exemples : la médecine, la biologie, la chimie.

Il y a cependant des exceptions et il est toujours préférable de vérifier dans un dictionnaire le genre d'un nom inanimé.

Le pluriel des noms

- La majorité des noms → **nom + s** au pluriel

  Exemples : un élève   des élèves

  　　　　　un crayon → des crayon**s**

  　　　　　un livre　　→ des livre**s**

- Les noms qui se terminent par **s, x** ou **z** au singulier → même orthographe au pluriel.

  Exemples : un ba**s**　→ des ba**s**

  　　　　　une noi**x** → des noi**x**

  　　　　　un ne**z**　→ des ne**z**

- Les noms qui se terminent par **eau** au singulier → **eaux** au pluriel.

  Exemples : un mant**eau** → des mant**eaux**

  　　　　　un gât**eau**　 → des gât**eaux**

- La majorité des noms qui se terminent par **al** au singulier → **aux** au pluriel.

  Exemples : un journ**al** → des journ**aux**

  　　　　　un anim**al** → des anim**aux**

  mais

  Certains noms qui se terminent par **al** au singulier → **als** au pluriel.

  Exemples : un b**al**　　 → des b**als**

  　　　　　un carnav**al** → des carnav**als**

  　　　　　un festiv**al**　→ des festiv**als**

- La majorité des noms qui se terminent par **ou** au singulier → **ous** au pluriel.

  Exemples : un f**ou** → des f**ous**

  　　　　　un s**ou** → des s**ous**

  mais

  Sept noms qui se terminent par **ou** au singulier → **oux** au pluriel :

  bij**ou**　→ bij**oux**　　　　　hib**ou**　→ hib**oux**

  caill**ou** → caill**oux**　　　　jouj**ou** → jouj**oux**

  ch**ou**　→ ch**oux**　　　　　p**ou**　　→ p**oux**

  gen**ou** → gen**oux**

LE DÉTERMINANT ② 2

Les déterminants définis

	masculin	féminin
singulier	le, l'	la, l'
pluriel	les	les

Le déterminant défini est utilisé devant un nom déterminé. Il permet d'individualiser le nom.

Exemples : J'aime **les chats.**   **La vie** est magnifique !
↓ ↓
espèce déterminée parmi les animaux   concept déterminé

Les déterminants indéfinis

	masculin	féminin
singulier	un	une
pluriel	des	des

Le déterminant indéfini est utilisé devant un nom qui n'est pas individualisé.

Exemples : J'ai vu **un film.**   Elle a acheté **une chaise.**
↓ ↓
On ne sait pas quel film.   On ne sait pas quelle chaise.
L'objet n'est pas complètement
déterminé.

 NOTEZ

Dans une phrase à la forme négative, le déterminant indéfini est remplacé par **de.**

Exemples : J'ai vu **un** film.   **mais**   Je n'ai pas vu **de** film.
   Elle a acheté **une** robe.   **mais**   Elle n'a pas acheté **de** robe.

Les déterminants contractés avec la préposition à

	masculin	féminin
singulier	au, à l'	à la, à l'
pluriel	aux	aux

Quand les déterminants définis **le** et **les** sont précédés de la préposition **à,** il y a une **contraction** :

$$à + le \rightarrow au$$
$$à + les \rightarrow aux$$

Exemples : Je vais à~~le~~ bureau. → Je vais **au** bureau.

L'enseignant parle à~~les~~ étudiants. → L'enseignant parle **aux** étudiants.
mais
Je vais **à la** banque.

Les déterminants partitifs

	masculin	féminin
singulier	du, de l'	de la, de l'
pluriel	des	des

Les déterminants partitifs sont formés de la préposition **de** suivie du déterminant **défini** :

$$de + le \rightarrow du$$
$$de + les \rightarrow des$$

Exemple : Je veux de~~le~~ pain. → Je veux **du** pain.

On utilise le déterminant partitif devant les noms des objets qu'on ne peut pas compter.

 NOTEZ

Dans une phrase à la forme négative, le déterminant partitif est remplacé par **de** ou **d'.**

Exemples :

Il a **du** succès.	**mais**	Il n'a pas **de** succès.
Elle a **de la** peine.	**mais**	Elle n'a pas **de** peine.
Il veut **de l'**eau.	**mais**	Il ne veut pas **d'**eau.

L'omission du déterminant

1. Avec un **nom collectif partitif,** on omet le déterminant **devant le nom complément.** On met **de.**

   Exemples : J'ai rencontré des musiciens.

   > **mais**

   J'ai rencontré un groupe **de** musiciens.
   $$\downarrow \qquad \qquad \downarrow$$
   nom collectif   nom complément

   Il a des moutons.

   mais

   Il a un troupeau **de** moutons.
   $$\downarrow \qquad \qquad \downarrow$$
   nom collectif   nom complément

2. Avec un **adverbe de quantité,** on omet le déterminant devant le **nom complément.** On met **de.**

   Exemples : Il y a des personnes.

   mais

   Il y a beaucoup **de** personnes.
   $$\downarrow \qquad \qquad \downarrow$$
   adverbe de quantité   nom complément

   Il y a des étudiants.

   mais

   Il y a peu **d'**étudiants.
   $$\downarrow \qquad \qquad \downarrow$$
   adverbe de quantité   nom complément

3. En général, on ne met pas de déterminant devant les noms des **jours,** des **mois** et les noms **midi** et **minuit.**

   Exemples : Elle est revenue lundi.

   Janvier est un mois très froid.

   Ils mangent à midi.

   Ils se couchent à minuit.

mais

On utilise un déterminant devant les noms des **jours** quand on veut indiquer une **action qui se répète.**

Exemples : **Le** lundi, j'ai un cours de français.

Les banques sont fermées **le** dimanche.

Références grammaticales

Les déterminants possessifs

masculin singulier	féminin singulier	masculin et féminin pluriel
mon	ma	mes
ton	ta	tes
son	sa	ses
notre	notre	nos
votre	votre	vos
leur	leur	leurs

Les déterminants démonstratifs

	masculin	féminin
singulier	ce, cet	cette
pluriel	ces	ces

La différence entre **ce** et **cet**

On utilise **ce** devant un **nom masculin** qui commence par une **consonne.**

Exemple : **ce** livre

On utilise **cet** devant un **nom masculin** qui commence par une **voyelle** ou un **h muet.**

Exemples : **cet** arbre

cet homme

L'ADJECTIF QUALIFICATIF (3)

L'adjectif qualificatif s'accorde en **genre** (masculin ou féminin) et en **nombre** (singulier ou pluriel) avec le **nom** qu'il qualifie.

- Beaucoup d'adjectifs qualificatifs → **adjectif + e** au féminin
  Exemples: Il est prudent. → Elle est prudent**e**.
  Il est ignorant. → Elle est ignorant**e**.

- Les adjectifs qualificatifs qui se terminent par **eux** au masculin → **euse** au féminin.
  Exemples: Il est nerv**eux**. → Elle est nerv**euse**.
  Il est génér**eux**. → Elle est génér**euse**.

- Les adjectifs qualificatifs qui se terminent par **f** au masculin → **ve** au féminin.
  Exemples: Il est acti**f**. → Elle est acti**ve**.
  Il est agressi**f**. → Elle est agressi**ve**.

- Les adjectifs qualificatifs qui se terminent par **el** au masculin → **elle** au féminin.
  Exemples: Cet animal est cru**el**. → Cette bête est cru**elle**.
  Le problème est ré**el**. → Cette histoire est ré**elle**.

- Les adjectifs qualificatifs qui se terminent par **en** ou **on** au masculin → **enne** ou **onne** au féminin.
  Exemples: un anci**en** château → une anci**enne** maison
  un b**on** disque → une b**onne** chanson

- Les adjectifs qualificatifs qui se terminent par **et** au masculin → **ette** au féminin.
  Exemples: un plancher n**et** → une maison n**ette**
  Il est resté mu**et**. → Elle est restée mu**ette**.

  mais

  Quelques adjectifs qualificatifs qui se terminent par **et** au masculin → **ète** au féminin.
  Exemples: compl**et** → compl**ète**
  incompl**et** → incompl**ète**
  concr**et** → concr**ète**
  discr**et** → discr**ète**
  indiscr**et** → indiscr**ète**
  inqui**et** → inqui**ète**
  secr**et** → secr**ète**

- Certains adjectifs qualificatifs qui se terminent par **s** au masculin → **sse** au féminin.

  Exemples : bas   → ba**sse**

               gras → gra**sse**

               épai**s** → épai**sse**

               gro**s** → gro**sse**

- Les adjectifs qualificatifs qui se terminent par **er** au masculin → **ère** au féminin.

  Exemples : C'est son premi**er** emploi.

               C'est sa premi**ère** journée.

               Il va faire un derni**er** téléphone avant de partir.

               Il va essayer de joindre son client pour la derni**ère** fois.

La place de l'adjectif qualificatif

Il n'y a pas de règles qui permettent de savoir facilement quand on doit placer l'adjectif qualificatif devant le nom et quand on doit le placer après le nom. La plupart du temps, c'est une question de son : ça sonne bien ou ça ne sonne pas bien ! Cependant, il existe des règles générales qui peuvent vous être utiles.

1. On place l'adjectif **devant** le nom dans les cas suivants.

    a) Quand l'adjectif est composé d'**une seule syllabe** et que le **nom** est composé de **plusieurs syllabes.**

    Exemples : Elle a fait un **long** voyage.

                    ↓   ↓

                une syllabe trois syllabes

                Il porte un **bel** habit.

                    ↓   ↓

                une syllabe deux syllabes

    b) Quand on utilise un **adjectif ordinal.**

    Exemples : Ma fille est en **deuxième** année.

                           ↓

                    adjectif ordinal

                C'est la **troisième** fois qu'il arrive en retard.

                       ↓

                 adjectif ordinal

2. On place l'adjectif qualificatif **après** le nom dans les cas suivants.

   a) Quand l'adjectif a **plusieurs syllabes** et qu'il qualifie un **nom** qui a **une seule syllabe.**

   Exemples : une vie **heureuse**

            ↓   ↓

       une syllabe   trois syllabes

        un chat **agressif**

         ↓   ↓

       une syllabe   trois syllabes

   b) Lorsque l'adjectif exprime une **forme** ou une **couleur.**

   Exemples : une table **ronde**

             ↓

       exprime une forme

       des murs **bleus**

            ↓

       exprime une couleur

   c) Souvent, lorsque l'adjectif se termine par **ant.**

   Exemples : un travail fatig**ant**

           un défi motiv**ant**

 NOTEZ

Certains adjectifs ont une **signification différente** selon qu'ils sont placés **devant** ou **après** le **nom.**

Exemples : **Pauvre** enfant !   un enfant **pauvre**

        ↓   ↓

   évoque la pitié   évoque la pauvreté

   C'est une **triste** histoire.   C'est une histoire **triste.**

        ↓   ↓

   évoque le malheur   évoque la tristesse

Trois adjectifs qualificatifs particuliers : **beau, vieux, nouveau**

Ces trois adjectifs ont la particularité d'avoir deux formes au masculin.

beau

	masculin	féminin
singulier	beau bel	belle
pluriel	beaux	belles

Exemples : un **beau** veston   une **belle** chemise
un **bel** habit   de **belles** chemises
de **beaux** habits

vieux

	masculin	féminin
singulier	vieux vieil	vieille
pluriel	vieux	vieilles

Exemples : un **vieux** veston   une **vieille** chemise
un **vieil** habit   de **vieilles** chemises
de **vieux** habits

nouveau

	masculin	féminin
singulier	nouveau nouvel	nouvelle
pluriel	nouveaux	nouvelles

Exemples : un **nouveau** veston   une **nouvelle** chemise
un **nouvel** habit   de **nouvelles** chemises
de **nouveaux** habits

On utilise **bel, vieil** et **nouvel** devant des mots qui commencent par une **voyelle** ou un **h muet.**

 NOTEZ

Au pluriel, quand l'adjectif qualificatif est **devant** le nom, on utilise **de** au lieu de **des.**

Exemple : J'ai **de** beaux habits.

LE PRONOM COMPLÉMENT

Les pronoms compléments directs

	singulier	pluriel
1re personne	me	nous
2e personne	te	vous
3e personne	le, la, l'	les

Quand le verbe est conjugué au présent ou à d'autres temps simples, ces pronoms sont placés **devant** le verbe conjugué.

Exemples : Marco **le** dérange.

Marco **les** dérange.

Marco ne **nous** dérange pas.

Marco ne **vous** dérange pas.

◉ **OBSERVEZ**

Marco a six ans. Il joue du tambour dans le salon. Valérie, sa sœur, dit à Marco :
« Marco, cesse de faire du bruit ! Tu **me** déranges. J'essaie de faire mes devoirs.
Moi, je ne **te** dérange pas quand tu fais tes devoirs. »

→ **me** remplace Valérie.

→ **te** remplace Marco.

*Marco va voir son père qui est dans la cuisine. Pendant que le père prépare
le souper, Marco court dans la cuisine. Le père dit à Marco :* « Marco, cesse
de courir ! Tu **me** déranges. Va jouer avec ta sœur dans le salon. »

→ **me** remplace le père.

Marco.   — Je ne peux pas. Valérie dit que je **la** dérange.

→ **la** remplace Valérie.

Le père.   — Alors va voir ta mère. Elle est au sous-sol.

*Marco va au sous-sol. Sa mère repasse des vêtements. Marco joue avec son ballon.
La mère dit à Marco :* « Marco, cesse de jouer avec ton ballon. Tu **me** déranges.
Va jouer avec ta sœur. »

→ **me** remplace la mère.

Marco.   — Je ne peux pas. Valérie dit que je **la** dérange.

→ **la** remplace Valérie.

La mère.   — Alors va jouer avec ton père.

Marco.   — Je ne peux pas. Il dit que je **le** dérange. Je **vous** dérange tous les trois.
Je ne sais plus quoi faire !

→ **le** remplace le père.

→ **vous** remplace Valérie, le père et la mère.

La mère.   — Trouve une activité qui ne **nous** dérange pas.

→ **nous** remplace la mère, le père et Valérie.

Marco.   — D'accord. Je vais aller jouer avec Fido et Bravo. Mes chiens sont
mes meilleurs amis. Je ne **les** dérange jamais.

→ **les** remplace les chiens, Fido et Bravo.

EXERCICE 1 À l'aide des renseignements fournis dans le dialogue
ci-dessus, répondez aux questions en utilisant des pronoms
compléments directs.

Exemple : Est-ce que Marco regarde la télévision ?
           Non, il ne la regarde pas.

1. Est-ce que Marco dérange Valérie ? _____

2. Est-ce que Valérie dérange Marco ? _____

3. Est-ce que Marco prépare le souper? _____

4. Est-ce que Marco dérange son père? _____

5. Est-ce que Marco aide sa mère? _____

6. Est-ce que Marco dérange Fido et Bravo? _____

Quand utilise-t-on un pronom complément direct?

Quand on peut répondre à la question **qui?** ou **quoi?** après un verbe, il peut y avoir un complément direct.

Exemples: Marco dérange Valérie.

Marco dérange **qui**?

Il dérange Valérie (nom féminin singulier)

↓

Marco **la** dérange.

Marco lance son ballon.

Marco lance **quoi**?

Il lance son ballon (nom masculin singulier)

↓

Il **le** lance.

Marco aime ses chiens.

Marco aime **qui**?

Il aime ses chiens (nom masculin pluriel)

↓

Il **les** aime.

- Le pronom complément direct peut remplacer le **nom propre d'une personne.**

  Exemple: Nous regardons Jean.

  Nous **le** regardons.

- Le pronom complément direct peut remplacer un complément direct qui est précédé d'un **déterminant défini (le, la, l', les)**, d'un **déterminant possessif (mon, ton, son,...)** ou d'un **déterminant démonstratif (ce, cet, cette, ces)**.

  Exemples: Nous regardons **la** télévision. → Nous **la** regardons.

  Je regarde **ma** montre. → Je **la** regarde.

  Je veux **ces** livres. → Je **les** veux.

EXERCICE 2 Récrivez les phrases en remplaçant les compléments directs par des pronoms compléments directs.

1. a) Je lance la balle.

_____

   b) Je lance le ballon.

_____

   c) Je lance la balle et le ballon.

_____

2. a) J'attrape la balle.

_____

   b) J'attrape le ballon.

_____

   c) J'attrape la balle et le ballon.

_____

3. a) J'échappe la balle.

_____

   b) J'échappe le ballon.

_____

   c) J'échappe la balle et le ballon.

_____

4. a) Je lave les verres.

_____

   b) Je lave les assiettes.

_____

   c) Je lave le plat.

_____

5. a) Je range les verres.

   b) Je range les assiettes.

   c) Je range le plat.

6. a) Il repasse ses chemises.

   b) Il repasse son pantalon.

   c) Il repasse sa veste.

7. a) Tu fais le ménage.

   b) Tu fais la vaisselle.

   c) Tu fais tes devoirs.

8. a) Nous mémorisons la règle de grammaire.

   b) Nous mémorisons le verbe **être.**

   c) Nous mémorisons la règle de grammaire et le verbe **être.**

Les pronoms compléments directs et le passé composé

Quand le verbe est conjugué à un **temps composé** (comme le passé composé), le pronom complément direct est placé **devant l'auxiliaire.**

Exemples : Marco a dérangé son père.
                 Il **l'**a dérangé.

pronom   auxiliaire
complément   **avoir**
direct

                 Marco n'a pas dérangé son père.
                 Il ne **l'**a pas dérangé.

pronom   auxiliaire
complément   **avoir**
direct

◉ OBSERVEZ

Marco a dérangé **son père.**   → Il **l'**a dérang**é.**
Marco a dérangé **sa sœur.**   → Il **l'**a dérangé**e.**
Marco a dérangé **ses parents.** → Il **les** a dérangé**s.**

Quand le complément direct est placé **devant** l'auxiliaire **avoir,** le participe passé doit être accordé avec le **complément direct.**

Lisez attentivement.

Le fils demande à sa mère s'il peut aller chez son ami. Avant de dire oui, la mère demande à son fils : « As-tu fait **tes devoirs** ? »

Le fils.   — Oui, je **les** ai fait**s.**
La mère.   — As-tu nettoyé **ta chambre** ?
Le fils.   — Oui, je **l'**ai nettoyée.
La mère.   — As-tu rapporté **tes livres** à la bibliothèque ?
Le fils.   — Oui, je **les** ai rapporté**s.**

EXERCICE 3 Répondez aux questions en utilisant des pronoms
compléments directs. N'oubliez pas la règle d'accord
du participe passé lorsque le complément direct est placé
devant le verbe.

1. As-tu regardé la télévision?

   Oui, _____.

2. As-tu lu le journal?

   Oui, _____.

3. Avez-vous trouvé vos clés?

   Oui, je _____.

4. Ont-ils fini leurs devoirs?

   Oui, _____.

5. A-t-elle compris cette leçon?

   Oui, _____.

6. As-tu pris mon crayon?

   Oui, _____.

7. As-tu écouté la radio?

   Oui, _____.

8. Avez-vous apporté les dossiers?

   Oui, nous _____.

9. As-tu noté son numéro de téléphone?

   Oui, _____.

10. Avez-vous écrit la lettre?

   Oui, je _____.

Références grammaticales

EXERCICE 4 Répondez aux questions en remplaçant les compléments directs par des pronoms compléments directs. N'oubliez pas la règle d'accord du participe passé lorsque le complément direct est placé devant le verbe.

1. Avez-vous appelé monsieur Dupré ?

   Non, je _____.

2. Avez-vous appelé madame Dupré ?

   Non, je _____.

3. Avez-vous appelé monsieur et madame Dupré ?

   Non, je _____.

4. As-tu vendu ta maison ?

   Non, _____.

5. A-t-elle préparé le souper ?

   Non, _____.

6. A-t-il trouvé son portefeuille ?

   Non, _____.

7. A-t-elle envoyé son curriculum vitæ ?

   Non, _____.

8. Avez-vous reçu les documents ?

   Non, nous _____.

9. Ont-ils lavé la vaisselle ?

   Non, _____.

10. Ont-elles acheté l'entreprise ?

   Non, _____.

Les pronoms compléments directs et le futur proche

Quand le verbe conjugué est **suivi d'un infinitif** (comme le futur proche), le pronom complément direct est placé **devant l'infinitif.**

Exemples : Il va lancer le ballon.

Il va **le** lancer.

pronom   infinitif
complément
direct

Il ne va pas lancer la balle.

Il ne va pas **la** lancer.

pronom   infinitif
complément
direct

EXERCICE 5 Récrivez les phrases en remplaçant les compléments directs par des pronoms compléments directs.

1. Il va regarder la télévision.

_____

2. Elle va terminer son travail cet après-midi.

_____

3. Nous allons rencontrer les clients au bureau.

_____

4. Elles vont faire leurs valises ce soir.

_____

5. Il va envoyer la documentation la semaine prochaine.

_____

Références grammaticales

EXERCICE 6 Répondez aux questions.

1. Vas-tu le voir ?

   Oui, _____.

2. Allez-vous la rencontrer au restaurant ?

   Oui, nous _____.

3. Vont-ils les accueillir à l'aéroport ?

   Oui, _____.

4. Va-t-elle les inviter ?

   Non, _____.

5. Va-t-il les conduire à la gare ?

   Non, _____.

Le pronom **en**

Le pronom **en** remplace le complément direct quand on utilise des déterminants **indéfinis** ou **partitifs** (**des, du, de la, de l'** ou **de**) devant le nom complément direct.

Quand le nom complément direct est précédé de **un** ou **une,** ou d'un **nombre précis,** on conserve ce mot dans la phrase.

◉ **OBSERVEZ**

Il lance **une** balle.	→	Il **en** lance une.
↓		
déterminant indéfini		
Il boit **du** café.	→	Il **en** boit.
↓		
déterminant partitif		
Il écrit **des** lettres.	→	Il **en** écrit.
↓		
déterminant indéfini		
Il ne mange pas **de** pain.	→	Il n'**en** mange pas.
↓		
déterminant partitif		

La place du pronom **en**

• Quand le verbe est conjugué à un **temps simple,** le pronom **en** est placé **devant le verbe.**

  Exemples : Il **en** mange.

  Il n'**en** mange pas.

• Quand le verbe est conjugué à un **temps composé,** le pronom **en** est placé **devant l'auxiliaire.**

  Exemples : Il **en** a mangé.

  Il n'**en** a pas mangé.

NOTEZ

Quand le pronom **en** remplace un complément direct placé devant un verbe conjugué avec l'auxiliaire **avoir,** le **participe passé** est **invariable.**

Exemple : Il a préparé des biscuits. Il **en** a donné à ses amis.

  Il a donné quoi ? **en** qui remplace des biscuits.

• Quand le verbe conjugué est **suivi d'un infinitif** (comme le futur proche), le pronom **en** est placé **devant l'infinitif.**

  Exemples : Il va **en** manger.

  Il ne va pas **en** manger.

EXERCICE 7 Récrivez les phrases en remplaçant les compléments directs par le pronom **en.**

1. Il écrit une lettre.

   _____

2. Elle lit un livre.

   _____

3. Nous voulons une pause-café.

   _____

4. Elle a un emploi.

   _____

5. Il cherche un emploi.

   _____

Références grammaticales

6. Elle a des enfants.

_____

7. Il a des responsabilités.

_____

8. Ils ont des projets.

_____

EXERCICE 8 Récrivez les phrases en remplaçant les compléments directs
par le pronom **en.**

1. Je n'ai pas d'emploi.

_____

2. Tu n'as pas de problème.

_____

3. Ils n'ont pas de télécopieur.

_____

4. Nous n'avons pas d'électricité.

_____

5. Je n'ai pas de crayon.

_____

6. Ils ne veulent pas de devoirs.

_____

7. Elle n'achète pas de journaux.

_____

8. Elles ne lisent pas de livres.

_____

EXERCICE 9 Répondez aux questions en utilisant le pronom **en**.

1. As-tu acheté des enveloppes?

Oui, _____.

2. As-tu lavé des vêtements?

Oui, _____.

3. A-t-elle rencontré des clients?

Oui, _____.

4. A-t-il posé des questions?

Oui, _____.

5. Avez-vous suivi un cours de français?

Oui, nous _____.

6. Avez-vous acheté une automobile?

Non, je _____.

7. A-t-il reçu des cadeaux?

Non, _____.

8. Ont-ils congédié des employés?

Non, _____.

Les pronoms compléments indirects

	singulier	pluriel
1re personne	me	nous
2e personne	te	vous
3e personne	lui	leur

Quand utilise-t-on un pronom complément indirect?

Quand on peut répondre à la question **à qui?** ou **à quoi?** après un verbe. C'est le cas de beaucoup de verbes qui sont suivis de la préposition **à**.

Exemples: parler **à** (quelqu'un)
Je parle **à** Pierre.   → Je **lui** parle.

téléphoner **à** (quelqu'un)
Il téléphone **à** sa sœur.   → Il **lui** téléphone.

écrire **à** (quelqu'un)
Elle écrit **à** ses parents.   → Elle **leur** écrit.

Références grammaticales

La place du pronom complément indirect

- Quand le verbe est conjugué à un **temps simple** (un temps qui n'utilise pas d'auxiliaire), le pronom complément indirect est placé **devant le verbe.**

  Exemples : Il **lui** lance la balle.

  Il ne **lui** lance pas la balle.

  Il **lui** lancerait la balle.

  Il ne **lui** lancerait pas la balle.

- Quand le verbe est conjugué à un **temps composé** (un temps qui utilise un auxiliaire), le pronom complément indirect est placé **devant l'auxiliaire.**

  Exemples : Il **lui** a lancé la balle.

  Il ne **lui** a pas lancé la balle.

- Quand le verbe conjugué est **suivi d'un infinitif** (comme le futur proche), le pronom complément indirect est placé **devant l'infinitif.**

  Exemples : Il va **lui** lancer la balle.

  Il ne va pas **lui** lancer la balle.

EXERCICE 10 Récrivez les phrases en remplaçant les compléments indirects par des pronoms compléments indirects.

1. Elle parle à Jeanne.

   _____

2. Tu dis bonjour à Stéphane.

   _____

3. Je téléphone à mon client.

   _____

4. J'envoie les documents à monsieur Dupré.

   _____

5. Il lance la balle aux enfants.

   _____

6. Elle ne parle pas à Jacques.

   _____

7. Il ne dit pas bonjour à Louis.

   _____

8. Elle ne ressemble pas à ses parents.

   _____

9. Elle ne transmet pas les messages à son directeur.

   _____

10. Ils n'envoient pas les lettres aux clients.

    _____

EXERCICE 11 Récrivez les phrases en remplaçant les compléments indirects par des pronoms compléments indirects.

1. As-tu parlé à monsieur Lafond ?

   Oui, _____.

2. As-tu dit bonjour à Stéphane ?

   Oui, _____.

3. Ont-ils envoyé les lettres aux clients ?

   Oui, _____.

4. A-t-elle donné les renseignements à madame Limoge ?

   Oui, _____.

5. A-t-il écrit une lettre à sa mère ?

   Oui, _____.

6. A-t-elle parlé à madame Ladouceur ?

   Non, _____.

7. Avez-vous écrit à monsieur Dupont ?

   Non, je _____.

8. As-tu annoncé la nouvelle à Marie ?

   Non, _____.

9. A-t-il téléphoné à madame Larivière ?

   Non, _____.

10. As-tu donné les documents aux clients ?

    Non, _____.

EXERCICE 12 Répondez aux questions en remplaçant les compléments indirects par des pronoms compléments indirects.

1. Vas-tu parler à Jeanne ?

   Oui, _____ .

2. Va-t-il téléphoner à monsieur Dupuis ?

   Oui, _____ .

3. Allez-vous demander des explications à votre enseignant ?

   Oui, nous _____ .

4. Vont-ils dire la vérité à leurs parents ?

   Oui, _____ .

5. Vas-tu donner la réponse à ton ami ?

   Non, _____ .

6. Va-t-il télécopier le document à madame Lemieux ?

   Non, _____ .

7. Vas-tu envoyer la lettre à ta cliente ?

   Non, _____ .

8. Va-t-il parler à ses associés ?

   Non, _____ .

Le pronom y

Le pronom **y** peut remplacer un **lieu**.

Exemples : Je vais **en France.**

    J'**y** vais.

    Ils sont **au bureau.**

    Ils **y** sont.

La place du pronom y

- Quand le verbe est conjugué à un **temps simple,** le pronom y est placé **devant le verbe.**

    Exemples : Je vais **à la bibliothèque.**

        J'**y** vais.

        Je ne vais pas **à la bibliothèque.**

        Je n'**y** vais pas.

- Quand le verbe est conjugué à un **temps composé,** le pronom **y** est placé **devant l'auxiliaire avoir** ou **être.**

  Exemples : J'ai été **dans le Sud** tout l'hiver.
  J'**y** ai été tout l'hiver.

  Je n'ai pas été **dans le Sud** tout l'hiver.
  Je n'**y** ai pas été tout l'hiver.

  Nous sommes allés **aux États-Unis.**
  Nous **y** sommes allés.

  Nous ne sommes pas allés **aux États-Unis.**
  Nous n'**y** sommes pas allés.

- Quand le verbe conjugué est **suivi d'un infinitif** (comme le futur proche), le pronom **y** est placé **devant l'infinitif.**

  Exemples : Je vais aller **au magasin.**
  Je vais **y** aller.

  Je ne vais pas aller **au magasin.**
  Je ne vais pas **y** aller.

EXERCICE 13 Récrivez les phrases en utilisant le pronom **y.**

1. Je vais au bureau tous les matins.

   _____

2. Il va chez le médecin deux fois par année.

   _____

3. Tu es allé chez le dentiste la semaine dernière.

   _____

4. Vous êtes allés à Québec la fin de semaine passée.

   _____

5. Elles sont allées en Chine l'année dernière.

   _____

6. Je vais aller au magasin après le cours.

   _____

7. Il va aller à la banque cet après-midi.

   _____

8. Nous allons aller chez le comptable demain matin.

   _____

Références grammaticales

EXERCICE 14 Répondez aux questions.

1. Est-ce que tu y vas?

   Oui, j' _____.

2. Est-ce qu'ils y vont?

   Non, ils _____.

3. Est-ce qu'ils y sont allés?

   Oui, ils _____.

4. Est-ce que vous y étiez?

   Oui, nous _____.

5. Est-ce que vous allez y aller?

   Non, nous _____.

6. Est-ce qu'il va y aller?

   Oui, il _____.

7. Est-ce que tu voudrais y aller?

   Oui, je _____.

8. Est-ce que vous vouliez y aller?

   Oui, nous _____.

LE VERBE 5

Le verbe exprime une **action** ou un **état**.

On catégorise les verbes en trois groupes:

| 1er **groupe** | 2e **groupe** | 3e **groupe** |

1er groupe	**2e groupe**	**3e groupe**
-er	**-ir** (radical long au pluriel)	autres

Il y a deux sortes de temps du verbe:

- les temps simples → le temps est déterminé par une variation de la désinence;
  Les **temps simples** étudiés au niveau intermédiaire:

  Exemple: parl**er**

le présent de l'indicatif	tu parl**es**
l'imparfait de l'indicatif	tu parl**ais**
le futur simple de l'indicatif	tu parle**ras**
le présent de l'impératif	parl**e**
le présent du conditionnel	tu parle**rais**
le présent du subjonctif	que tu parl**es**

- les temps composés → le verbe est composé de deux éléments (l'auxiliaire **avoir** ou **être** + un participe passé).
  Le **temps composé** étudié au niveau intermédiaire:
  le passé composé de l'indicatif   Exemples: tu **as parlé**

  tu **es tombé**

Le présent de l'indicatif

On peut utiliser le présent de l'indicatif pour:

- situer les faits qui se déroulent au moment où on les raconte;
  Exemple: Lise **dit**: «Sophie lit un livre.» → L'action se déroule dans le moment présent.

- décrire des faits habituels;
  Exemple: Elle **fait** ses exercices tous les jours.

- exprimer des réalités intemporelles (un proverbe, des explications, etc.);

  Exemples : Toute vérité n'**est** pas bonne à dire.

  Ce **sont** les attractions de la Lune et du Soleil qui **provoquent** les marées sur la Terre.

- exprimer une situation durable.

  Exemples : Elle **aime** beaucoup les animaux.

  Il **a** peur des araignées.

La formation du présent de l'indicatif

1. Les verbes du **1er groupe**

   Désinence **-er** à l'infinitif (exception : **aller**)

   Exemple : aim**er**

je	radical + **e**	j'aime
j'	radical + **e**	j'aime
tu	radical + **es**	tu aim**es**
il / elle / on	radical + **e**	il / elle / on aime
nous	radical + **ons**	nous aim**ons**
vous	radical + **ez**	vous aim**ez**
ils / elles	radical + **ent**	ils / elles aim**ent**

2. Les verbes du **2e groupe**

   Désinence **-ir** à l'infinitif avec un radical court au singulier et un radical long au pluriel.

   Exemple : fin**ir**

je	radical court + **s**	je finis
tu	radical court + **s**	tu finis
il / elle / on	radical court + **t**	il / elle / on finit
nous	radical long + **ons**	nous finiss**ons**
vous	radical long + **ez**	vous finiss**ez**
ils / elles	radical long + **ent**	ils / elles finiss**ent**

3. Les verbes du **3e groupe**
   - Le verbe **aller**.
   - Les verbes qui se terminent par **-ir** et qui n'ont pas le radical long avec **-iss-** au **pluriel** comme les verbes du 2e groupe.
   - Les verbes qui se terminent par **-oir**.
   - Les verbes qui se terminent par **-re**.

   La désinence dominante des verbes du 3e groupe au présent est :

   Exemple : cour**ir**

je	radical + **s**	je cours
tu	radical + **s**	tu cours
il / elle / on	radical + **t**	il / elle / on court
nous	radical + **ons**	nous cour**ons**
vous	radical + **ez**	vous cour**ez**
ils / elles	radical + **ent**	ils / elles cour**ent**

Certains verbes du 3ᵉ groupe ont la même désinence que les verbes du 1ᵉʳ groupe.

Exemple : ouvr**ir**

je	radical + **e**	j'ouvr**e**
tu	radical + **es**	tu ouvr**es**
il / elle / on	radical + **e**	il / elle / on ouvr**e**
nous	radical + **ons**	nous ouvr**ons**
vous	radical + **ez**	vous ouvr**ez**
ils / elles	radical + **ent**	ils / elles ouvr**ent**

Couvrir, offrir, souffrir, cueillir se conjuguent sur ce modèle.

Il y a environ 60 verbes qui se terminent par **-d** à la 3ᵉ personne du singulier au présent. Pour ces verbes, on ne met pas la désinence **-t** à la 3ᵉ personne du singulier.

Exemple : ren**dre**

je rends	nous rendons
tu rends	vous rendez
il / elle / on rend	ils / elles rendent

Le passé composé

Le passé composé est un temps du passé. Entre autres, on peut l'utiliser dans les contextes suivants :

- pour indiquer qu'une action ou un état est achevé dans le passé ;
  Exemple : Hier soir, j'**ai lavé** la vaisselle.
  ↓
  L'action de laver la vaisselle
  est achevée dans le passé.

- pour indiquer une interruption pendant qu'une autre action se déroule.
  Exemple : Pendant que je lavais la vaisselle, le téléphone **a sonné.**
  ↓
  L'action de sonner se produit pendant
  le déroulement d'une autre action.

Références grammaticales

La formation du passé composé

auxiliaire **avoir** ou **être** au **présent** + **participe passé** du verbe à conjuguer

---

Le participe passé

- 1er groupe (infinitif **-er**) : participe passé → désinence **-é**

  Exemple : infinitif : aim**er** → participe passé → aim**é**

- 2e groupe et 3e groupe : principaux participes passés → désinence **-i** ou **-u**

  Exemples : infinitif : dorm**ir** → participe passé → dorm**i**

  infinitif : ven**ir** → participe passé → ven**u**

- Quelques participes passés → désinence **-s** ou **-t**

  Exemples : infinitif : pren**dre** → participe passé → pri**s**

  infinitif : di**re** → participe passé → di**t**

  infinitif : ouvr**ir** → participe passé → ouver**t**

Exemples de conjugaisons au passé composé :

Parler

j'**ai** parl**é**
tu **as** parl**é**
il / elle / on **a** parl**é**
nous **avons** parl**é**
vous **avez** parl**é**
ils / elles **ont** parl**é**

Tomber

je **suis** tomb**é**
tu **es** tomb**é**
il / on **est** tomb**é**
elle **est** tomb**ée**
nous **sommes** tomb**és**
vous **êtes** tomb**és**
ils **sont** tomb**és**
elles **sont** tomb**ées**

Finir

j'**ai** fini
tu **as** fini
il / elle / on **a** fini
nous **avons** fini
vous **avez** fini
ils / elles **ont** fini

Voir

j'**ai** vu
tu **as** vu
il **a** vu
nous **avons** vu
vous **avez** vu
ils / elles **ont** vu

 NOTEZ

Quand un verbe est conjugué avec l'auxiliaire **être**, il faut toujours accorder le participe passé avec le **sujet**.

Le futur proche

Le futur proche est un temps souvent utilisé dans la conversation. Si on le compare au futur simple, le futur proche peut parfois donner une plus grande impression de continuité avec le présent.

Exemple : Elle **va obtenir** son diplôme dans deux semaines.

La formation du futur proche

verbe **aller** au présent + verbe à l'**infinitif**

Exemple : parl**er**

je **vais parler**	nous **allons parler**
tu **vas parler**	vous **allez parler**
il / elle / on **va parler**	ils / elles **vont parler**

L'impératif présent

L'impératif présent permet de donner un ordre ou une recommandation, ou encore de faire une demande.

Exemples : Cesse de rire !

Soyez prudents.

Asseyez-vous.

La formation de l'impératif présent

Pour les verbes réguliers, on conjugue le verbe comme au présent de l'indicatif.

L'impératif présent ne se conjugue qu'à trois personnes.

Exemple : fin**ir**

2ᵉ personne du singulier	(tu)	fini**s**
1ʳᵉ personne du pluriel	(nous)	finiss**ons**
2ᵉ personne du pluriel	(vous)	finiss**ez**

Il n'y a pas de pronom personnel sujet devant un verbe conjugué à l'impératif.

NOTEZ

Si le verbe est du 1ᵉʳ groupe (désinence **-er**), on n'écrit pas le **s** final à la 2ᵉ personne du singulier.

Exemple : parl**er** (à la 2ᵉ personne du singulier) → parl**e**

Références grammaticales

Les pronoms utilisés à l'impératif

forme affirmative	forme négative
moi	me
toi	te
le, la, l', lui	le, la, l', lui
nous	nous
vous	vous
les, leur	les, leur

Exemples :

forme affirmative	forme négative
Regarde-**moi**.	Ne **me** regarde pas.
Repose-**toi**.	Ne **te** repose pas.
Dis-**lui**.	Ne **lui** dis pas.

À la forme affirmative, le pronom est placé après le verbe. On met donc un trait d'union entre le verbe et le pronom.

À la forme négative, le pronom est placé devant le verbe. On ne met pas de trait d'union.

L'imparfait

On utilise l'imparfait pour indiquer qu'un fait se déroule dans le **passé,** sans préciser le début et la fin de ce fait. Voici trois situations où l'on pourrait utiliser l'imparfait :

- pour faire des descriptions au passé ;
  Exemple : Hier, j'**étais** très fatigué. J'**avais** mal à la tête et je n'**étais** pas en forme. Je **voulais** dormir, mais je ne **pouvais** pas parce que je **devais** travailler.

- pour parler des habitudes du passé ;
  Exemple : Quand j'**étais** jeune, je **jouais** tous les jours avec mes amis. Nous **allions** au parc et nous **jouions** au hockey ou au baseball.

- pour indiquer qu'une action existe avant qu'une autre action du passé se produise.
  Exemple : Pierre **préparait** le souper quand Louise est arrivée.

La formation de l'imparfait

Pour former l'imparfait, on prend le radical du verbe et on ajoute la désinence de l'imparfait.

Exemple : parl**er**

je	radical + **ais**	je parl**ais**
tu	radical + **ais**	tu parl**ais**
il / elle / on	radical + **ait**	il / elle / on parl**ait**
nous	radical + **ions**	nous parl**ions**
vous	radical + **iez**	vous parl**iez**
ils / elles	radical + **aient**	ils / elles parl**aient**

Le futur simple

On utilise le futur simple pour situer un évènement dans l'**avenir.**

Exemple : Demain, je **parlerai** à mon client.

Le **futur simple** se distingue du **futur proche** en ceci :

1. le futur proche est un temps qui est utilisé dans la conversation ;

2. le futur proche est pratique pour indiquer qu'une action se produit dans un avenir qui a un lien avec le présent ;

3. le futur simple est recommandé quand on parle d'un avenir qui n'a pas de lien avec le présent.

   Exemple : Un jour, je **ferai** le tour du monde.

- On peut utiliser le futur simple pour formuler une vérité générale qui est valable au passé, au présent et au futur.

  Exemples : Les enfants **voudront** toujours être aimés de leurs parents.

  On ne **sera** jamais à l'abri des voleurs.

- Le futur simple peut exprimer un ordre ou une demande de façon polie.

  Exemples : Vous **viendrez** me voir à mon bureau cet après-midi.

  Tu **répondras** au téléphone pendant mon absence.

- Dans les récits historiques, on peut employer le futur simple pour énoncer un fait futur par rapport au moment où on est rendu dans l'histoire.

  Exemples : En 1759, les troupes britanniques étaient dirigées par le général William Howe, qui **deviendra** le général en chef de l'armée britannique durant la révolution américaine.

  En 1945, René Lévesque devient correspondant de guerre. Il accompagne la première unité américaine qui se rend au camp de concentration de Dachau, en Allemagne. Il **sera** bouleversé par ce qu'il y **verra.**

La formation du futur simple

- Pour les verbes du **1er groupe** :

  on prend le verbe à la 1re personne du singulier au présent de l'indicatif et on ajoute la désinence du futur simple.

  Exemple : aim**er**

je	aime + **rai**	j'aime**rai**
tu	aime + **ras**	tu aime**ras**
il / elle / on	aime + **ra**	il / elle / on aime**ra**
nous	aime + **rons**	nous aime**rons**
vous	aime + **rez**	vous aime**rez**
ils / elles	aime + **ront**	ils / elles aime**ront**

Références grammaticales

- Pour les verbes du **2ᵉ groupe** et du **3ᵉ groupe** (finale orale en **-r**):

  l'infinitif du verbe + la désinence du futur simple (avec le **-r** en moins). Si le verbe se termine par **e** à l'infinitif (à l'écrit), il faut supprimer le **e**.

  Exemple: fin**ir**

je	finir + **ai**	je finir**ai**
tu	finir + **as**	tu finir**as**
il / elle / on	finir + **a**	il / elle / on finir**a**
nous	finir + **ons**	nous finir**ons**
vous	finir + **ez**	vous finir**ez**
ils / elles	finir + **ont**	ils / elles finir**ont**

  Exemple: ven**dre**

je	vendr + **ai**	je vendr**ai**
tu	vendr + **as**	tu vendr**as**
il / elle / on	vendr + **a**	il / elle / on vendr**a**
nous	vendr + **ons**	nous vendr**ons**
vous	vendr + **ez**	vous vendr**ez**
ils / elles	vendr + **ont**	ils / elles vendr**ont**

Le conditionnel présent

Le conditionnel présent établit un lien entre le futur et le passé.

On peut utiliser le conditionnel présent dans les contextes suivants:

- pour exprimer un fait futur par rapport à un moment passé. On l'utilise souvent dans le discours indirect, c'est-à-dire lorsqu'on rapporte les paroles d'une personne;
  Exemples: Pierre m'a dit qu'il **reviendrait** demain.
  Sylvie a annoncé à Ariane qu'elle **voudrait** se marier l'été prochain.

- pour atténuer une demande;
  Exemple: Je veux rencontrer le directeur. → La demande est imposée.

  mais

  Je **voudrais** rencontrer le directeur. → La demande est atténuée, moins imposante.

- pour transmettre une information probable, mais non certaine;
  Exemples: Le syndicat **pourrait** déclencher la grève la semaine prochaine.
  Selon certains employés, le syndicat **refuserait** de négocier dans les conditions actuelles.

- pour faire des **hypothèses** dans le **présent** ou dans le **futur**.

  Exemples : **Si j'avais** l'argent, j'**achèterais** une nouvelle automobile.

        ↓   ↓

     si + imparfait conditionnel présent

     Il **serait** en meilleure santé **s'il mangeait** mieux.

        ↓   ↓

    conditionnel présent   si + imparfait

La formation du conditionnel présent

- Pour les verbes du **1er groupe** :

  on prend le verbe à la 1re personne du singulier au présent de l'indicatif et on ajoute la désinence du conditionnel présent.

  Exemple : parler

je	parle + **rais**	je parle**rais**
tu	parle + **rais**	tu parle**rais**
il / elle / on	parle + **rait**	il / elle / on parle**rait**
nous	parle + **rions**	nous parle**rions**
vous	parle + **riez**	vous parle**riez**
ils / elles	parle + **raient**	ils / elles parle**raient**

- Pour les verbes du **2e groupe** et du **3e groupe** :

  l'infinitif du verbe + la désinence du conditionnel présent (avec le **-r** en moins). Si le verbe se termine par **e** à l'infinitif (à l'écrit), il faut supprimer le **e**.

  Exemple : prendre

je	prendr + **ais**	je prendr**ais**
tu	prendr + **ais**	tu prendr**ais**
il / elle / on	prendr + **ait**	il / elle / on prendr**ait**
nous	prendr + **ions**	nous prendr**ions**
vous	prendr + **iez**	vous prendr**iez**
ils / elles	prendr + **aient**	ils / elles prendr**aient**

Le subjonctif présent

Le subjonctif présent est utilisé, entre autres, **après des verbes** qui expriment une **possibilité**, une **appréciation**, un **ordre** ou une **obligation**. Il ne situe pas les évènements dans le temps. Le subjonctif exprime un fait possible, que ce fait soit réel ou non. Dans certaines phrases, il est souvent difficile de savoir s'il faut utiliser le subjonctif présent ou un temps de l'indicatif (le présent ou le futur simple). Dans ces cas, il est important de vérifier dans un dictionnaire français.

Exemple : Est-ce que je dois dire…

    Je souhaite qu'il sera là **ou** Je souhaite qu'il soit là ?

Références grammaticales

Dans le dictionnaire, on précise que le verbe «souhaiter que» doit être suivi du subjonctif. Il faut donc dire : Je souhaite qu'il **soit** là.

On utilise souvent le subjonctif présent après le verbe **falloir** qui indique une obligation.

Exemples : Il faut que tu étudies.

Il faut que je travaille.

Il faut que nous partions.

Il fallait que je finisse mon travail.

Il faudrait que nous discutions.

La formation du subjonctif présent

- Prendre le radical du verbe conjugué à la **3ᵉ personne du pluriel au présent de l'indicatif.**

    Exemples : parler → ils **parl**ent

    finir → ils **finiss**ent

    vendre → ils **vend**ent

- Ajouter au radical les désinences suivantes.

je	radical	+	**e**
tu	radical	+	**es**
il / elle / on	radical	+	**e**
nous	radical	+	**ions**
vous	radical	+	**iez**
ils / elles	radical	+	**ent**

- Toujours placer **que** avant le verbe conjugué.

    Exemples : parl**er**

que je parl**e**	que nous parl**ions**
que tu parl**es**	que vous parl**iez**
qu'il / elle / on parl**e**	qu'ils / elles parl**ent**

    fin**ir**

que je finiss**e**	que nous finiss**ions**
que tu finiss**es**	que vous finiss**iez**
qu'il / elle / on finiss**e**	qu'ils / elles finiss**ent**

    vend**re**

que je vend**e**	que nous vend**ions**
que tu vend**es**	que vous vend**iez**
qu'il / elle / on vend**e**	qu'ils / elles vend**ent**

Huit verbes qui ont une conjugaison particulière au subjonctif présent.

Avoir

que j'aie
que tu aies
qu'il / elle / on ait
que nous ayons
que vous ayez
qu'ils / elles aient

Être

que je sois
que tu sois
qu'il / elle / on soit
que nous soyons
que vous soyez
qu'ils / elles soient

Aller

que j'aille
que tu ailles
qu'il / elle / on aille
que nous allions
que vous alliez
qu'ils / elles aillent

Faire

que je fasse
que tu fasses
qu'il / elle / on fasse
que nous fassions
que vous fassiez
qu'ils / elles fassent

Savoir

que je sache
que tu saches
qu'il / elle / on sache
que nous sachions
que vous sachiez
qu'ils / elles sachent

Pouvoir

que je puisse
que tu puisses
qu'il / elle / on puisse
que nous puissions
que vous puissiez
qu'ils / elles puissent

Valoir

que je vaille
que tu vailles
qu'il / elle / on vaille
que nous valions
que vous valiez
qu'ils / elles vaillent

Vouloir

que je veuille
que tu veuilles
qu'il / elle / on veuille
que nous voulions
que vous vouliez
qu'ils / elles veuillent

Références grammaticales

LA NÉGATION

Trois formes de négation qui sont souvent utilisées :

- **ne... pas**
- **ne... plus**
- **ne... jamais**

👁 **OBSERVEZ**

Est-il courtier d'assurances ?
Non, il **n'**est **pas** courtier d'assurances.

Est-il **encore** courtier d'assurances ?
Non, il **n'**est **plus** courtier d'assurances.

A-t-il **déjà** été courtier d'assurances ?
Non, il **n'**a **jamais** été courtier d'assurances.

question avec **encore** → réponse avec **ne... plus**
question avec **déjà** → réponse avec **ne... jamais**

EXERCICE 1 Écrivez les phrases à la forme négative.

Exemple : Il y a encore du gâteau dans l'assiette.
　　　　　Il n'y a plus de gâteau dans l'assiette.

1. Il y a encore des enveloppes à coller.

　　_____

2. Elle veut encore travailler.

　　_____

3. Il a encore mal au dos.

　　_____

4. Nous avons encore des problèmes.

_____

5. La ligne téléphonique est encore en dérangement.

_____

6. Le magasin est encore ouvert à cette heure-ci.

_____

7. Ils sont encore fâchés.

_____

8. Il y a encore des dossiers à classer.

_____

EXERCICE 2 Écrivez les phrases à la forme négative.

Exemple : Elle a déjà rencontré ce client.
          Elle n'a jamais rencontré ce client.

1. Je l'ai déjà vu.

_____

2. Nous sommes déjà allés au Mexique.

_____

3. Il a déjà joué dans une pièce de théâtre.

_____

4. Il a déjà travaillé avec ce logiciel.

_____

5. Elle a déjà suivi des cours de couture.

_____

6. Il a déjà fait de la plongée sous-marine.

_____

7. J'ai déjà lu ce livre.

_____

8. Il a déjà gagné le prix du meilleur vendeur de l'année.

_____

EXERCICE 3 Répondez aux questions en utilisant la négation **ne... pas, ne... plus** ou **ne... jamais.**

1. Prend-elle encore des médicaments?

   Non, _____.

2. Fais-tu encore tes exercices tous les matins?

   Non, _____.

3. Avez-vous déjà fait de la méditation?

   Non, je _____.

4. Avez-vous déjà pris l'avion?

   Non, je _____.

5. Voulez-vous encore du café?

   Non, je _____.

6. Avez-vous déjà bu du cidre?

   Non, je _____.

7. Êtes-vous déjà allés dans un restaurant vietnamien?

   Non, nous _____.

8. Est-il encore au téléphone?

   Non, _____.

9. Sont-ils en réunion?

   Non, _____.

10. Vont-ils venir demain?

    Non, _____.

Les marqueurs interrogatifs

Le déterminant **quel (quelle, quels, quelles)**

On utilise le déterminant **quel** quand on s'interroge sur une chose.

Exemples : Quel est le problème ?

Quelles sont les raisons de son départ ?

Quel est ton numéro de téléphone ?

On ne peut pas utiliser **quel** si on s'interroge sur une personne.

Exemple : ~~Quelle~~ est cette personne ?

Les pronoms **qui, que, lequel (laquelle, lesquels, lesquelles)**

- **Qui**

  On utilise le pronom **qui** quand on s'interroge sur une personne.

  Exemples : Qui est là ?

  Qui êtes-vous ?

  Qui t'a dit ça ?

  On utilise aussi la question **qui est-ce qui ?**

  Exemples : Qui est-ce qui est venu ?

  Qui est-ce qui lui a raconté cette histoire ?

  À qui ?

  Exemples : **À qui** écris-tu ? J'écris **à ma sœur.**

  À qui ressemble-t-il ? Il ressemble **à son père.**

  De qui ?

  Exemples : **De qui** parlez-vous ? Nous parlons **de la dame** qui est venue ce matin.

  De qui provient cette télécopie ? Elle provient **de monsieur Lalonde.**

Avec qui?

Exemples : **Avec qui** travailles-tu? Je travaille **avec deux techniciens.**

Avec qui est-il allé au cinéma? Il est allé au cinéma **avec Laurent.**

- **Que**

  Le pronom interrogatif **que** désigne une chose.

  Exemples : Que dites-vous?

  Que veux-tu?

  Avec le pronom **que,** on inverse le sujet et le verbe.

  Dans la langue parlée, on utilise plus fréquemment la question **qu'est-ce que?.**

  Exemples : Qu'est-ce que vous dites?

  Qu'est-ce que tu veux?

  Avec la question **qu'est-ce que?,** le sujet est suivi du verbe (il n'y a pas d'inversion).

- **Lequel**

  Le pronom interrogatif **lequel** peut remplacer des personnes ou des choses qui viennent d'être nommées.

  Exemples : Parmi tes amis, **lequel** est le plus patient?

  J'ai vu plusieurs imprimantes au magasin. **Laquelle** conviendrait le mieux à mes besoins?

Les adverbes **où, quand, comment, combien, pourquoi**

Où   pour connaître le lieu.

Quand   pour connaître le moment.

Comment pour connaître la manière.

Combien pour connaître la quantité.

Pourquoi pour connaître la raison.

Exemples : **Où** vas-tu?

Quand reviendras-tu?

Comment vas-tu te rendre là-bas?

Combien de temps crois-tu rester là-bas?

Pourquoi vas-tu là-bas?

Les adverbes **où, quand, comment, combien** et **pourquoi** peuvent être suivis de la locution **est-ce que.**

Exemples : **Où est-ce que** tu vas?

Quand est-ce que tu reviens?

Avec la question **est-ce que?,** on conserve l'ordre sujet et verbe (il n'y a pas d'inversion).

EXERCICE 1 Reformulez les questions en utilisant le pronom **que.**

Exemple : — Qu'est-ce que tu bois ?
— Que bois-tu ?

1. Qu'est-ce que tu veux ?

   _____

2. Qu'est-ce que vous faites ?

   _____

3. Qu'est-ce qu'ils ont acheté ?

   _____

4. Qu'est-ce qu'elle voulait ?

   _____

5. Qu'est-ce que vous feriez à ma place ?

   _____

6. Qu'est-ce qu'il a écrit ?

   _____

7. Qu'est-ce que tu as décidé ?

   _____

8. Qu'est-ce que vous allez dire ?

   _____

9. Qu'est-ce qu'elle va faire ?

   _____

10. Qu'est-ce que tu vas choisir ?

    _____

EXERCICE 2 En vous inspirant des réponses, formulez des questions avec le pronom **que.**

Exemple : — Qu'a-t-il dit ?
           — Il a dit non.

1. _____

Il veut des explications.

2. _____

Elle lisait le journal.

3. _____

Il cherchait sa montre.

4. _____

Nous avons acheté une lampe.

5. _____

Elle a reçu un chèque.

6. _____

Ils vont envoyer la marchandise.

7. _____

Nous allons étudier les verbes.

8. _____

Ils désirent se reposer.

EXERCICE 3 Pour chaque phrase, écrivez une question en utilisant **qui, à qui, de qui** ou **avec qui.**

1. _____

Elle est partie avec sa tante.

2. _____

Il habite avec son fils.

3. _____

Elle envoie les factures aux clients.

4. _____

Elle a prêté ses outils à son frère.

5. _____

Ils discutent avec leur directrice.

6. _____

Ils parlent de la directrice.

7. _____

Pierre est venu.

8. _____

Sylvain et Diane veulent un café.

9. _____

Il parle à son cousin.

10. _____

Ces fleurs viennent de monsieur Desjardins.

Références grammaticales

Corrigé

CORRIGÉ
DES THÈMES

Partie 1

THÈME 1 **LA SANTÉ**

RÉVISION

1. a) un bras
   b) une main
   c) une jambe
   d) un pied
   e) un cœur
   f) un doigt
   g) un ventre
   h) un orteil

2. je vais bien   nous allons bien
   tu vas bien   vous allez bien
   il / elle / on va bien   ils / elles vont bien

3. j'ai mal   nous avons mal
   tu as mal   vous avez mal
   il / elle / on a mal   ils / elles ont mal

4. a) une grappe de raisins
   b) une poire
   c) des champignons
   d) une tomate
   e) un oignon
   f) une pomme
   g) de la saucisse **ou** des saucisses
   h) des œufs
   i) un cornet de crème glacée
   j) du fromage
   k) un croissant
   l) un gâteau
   m) un épi de maïs **ou** un épi de blé d'Inde
   n) du poulet
   o) du pain

5. je n'ai pas faim
   tu n'as pas faim
   il / elle / on n'a pas faim
   nous n'avons pas faim
   vous n'avez pas faim
   ils / elles n'ont pas faim

6. a) Oui, il joue au golf.
   b) Oui, elles sont en forme.
   c) Non, je ne joue pas au tennis.
   d) Non, je n'ai pas soif.
   e) Oui, ils ont joué au hockey.
   f) Oui, nous avons fait du ski.
   g) Oui, il va jouer au tennis.
   h) Non, je ne vais pas faire de vélo.

7. Parmi les réponses possibles : le pain doré, le pâté chinois, la tire, les fèves au lard, les crêpes.

EXERCICE 1

1. le visage
2. les sourcils
3. le front
4. les paupières
5. les cils
6. les narines
7. les joues
8. les lèvres
9. le menton
10. le cou
11. les épaules
12. les coudes
13. les poignets
14. les hanches
15. les ongles
16. les cuisses
17. les genoux
18. les mollets
19. les chevilles
20. les talons

EXERCICE 2

1. Elle est assise.
2. Il est debout.
3. Elle est couchée.
4. Il est penché.
5. Il est accoudé.
6. Il est à quatre pattes.

EXERCICE 3

1. se moucher
2. tousser
3. éternuer
4. se reposer
5. se masser
6. se gratter

EXERCICE 4

1. Il ne faut pas déplacer la personne et il faut appeler rapidement une ambulance.
2. Il faut consulter un pédiatre.
3. Il faut donner la respiration artificielle.
4. Il faut consulter un médecin.
5. Il faut se reposer.
6. Il faut mettre un pansement sur la plaie et se rendre à l'urgence d'un hôpital.

EXERCICE 5

1. un hôpital ; des hôpitaux
2. un centre médical ; des centres médicaux
3. un ou une pédiatre ; des pédiatres
4. un ou une médecin ; des médecins
5. une urgence ; des urgences
6. un accident ; des accidents
7. une ambulance ; des ambulances
8. un blessé ; des blessés
9. un médicament ; des médicaments
10. une radiographie ; des radiographies

11. un mal ; des maux
12. un engourdissement ; des engourdissements
13. un étourdissement ; des étourdissements
14. une maladie ; des maladies
15. une plaie ; des plaies
16. un virus ; des virus

EXERCICE 6

a) les yeux : un opticien / une opticienne ;
   un / une ophtalmologiste
b) les oreilles : un / une audiologiste ; un /
   une orthophoniste
c) les voies respiratoires : un / une oto-rhino-
   laryngologiste ; un / une pneumologue
d) le dos : un chiropraticien / une chiropraticienne
e) les os et les articulations : un ostéopraticien /
   une ostéopraticienne ou un / une ostéopathe
f) le cœur : un / une cardiologue
g) les dents : un / une denturologiste
h) les pieds : un / une podiatre

EXERCICE 7

Les réponses varient.
Suggestions de réponses :
Noms en **-iste** : dentiste, optométriste, journaliste,
linguiste
Noms en **-ogue** : gynécologue, oncologue,
psychologue, sociologue

EXERCICE 8

Les dialogues varient.

EXERCICE 9

La semaine dernière…	mais cette semaine…
1. j'étais malade,	je suis en pleine forme.
2. tu te sentais mal,	tu te sens mieux.
3. il avait mal à la tête,	il a mal partout.
4. elle était fatiguée,	elle est bien.
5. nous étions malades,	nous sommes guéris.
6. vous vous sentiez mal,	vous vous sentez bien.
7. ils avaient mal au cœur,	ils n'ont pas mal au cœur.
8. elles faisaient de la fièvre,	elles ne font pas de fièvre.

EXERCICE 10

Les réponses varient.

EXERCICE 11

Les réponses varient.

EXERCICE 12

Dans un régime alimentaire équilibré,…
1. il faut manger plus de pommes que de tartes
   aux pommes.
2. il faut manger plus de fraises fraîches que
   de confiture de fraises.

3. il faut manger autant de pamplemousses
   que d'oranges.
4. il faut manger autant de riz que de pâtes
   alimentaires.
5. il faut manger moins de soupes en conserve
   que de soupes maison.
6. il faut manger moins de gâteaux aux fruits
   que de fruits frais.

EXERCICE 13

Quand il était jeune, Pierre était en forme.
1. Il jouait au tennis.
2. Il faisait du ski alpin.
3. Il dansait. **ou** Il faisait de la danse sociale.
4. Il faisait du ski nautique.

EXERCICE 14

Quand elle était jeune, Louise était en forme.
1. Elle faisait de l'exercice. **ou** Elle faisait
   des étirements.
2. Elle patinait. **ou** Elle faisait du patinage artistique.
3. Elle jouait aux quilles.
4. Elle faisait du yoga.

EXERCICE 15

1. — Madame, êtes-vous blessée ?
2. — Vite, appelle une ambulance !
3. — Assieds-toi et pince ton nez. Je vais chercher
      une compresse d'eau froide.
4. — Restez calme et ne bougez pas ! Je vais
      chercher du secours.

EXERCICE 16

1. Où as-tu mal ? / Où avez-vous mal ? **ou** Qu'est-ce
   que tu as ? / Qu'est-ce que vous avez ?
2. Où es-tu tombé ? / Où êtes-vous tombé ? **ou**
   Qu'est-ce qui est arrivé ?
3. Veux-tu voir un médecin ? / Voulez-vous voir
   un médecin ?
4. Veux-tu un verre d'eau ? / Voulez-vous un verre
   d'eau ?
5. Qu'est-ce que tu as ? / Qu'est-ce que vous
   avez ? **ou** Comment te sens-tu ? / Comment
   vous sentez-vous ?
6. As-tu besoin d'aide ? / Avez-vous besoin d'aide ?
7. Es-tu blessé ? / Êtes-vous blessé ?
8. Veux-tu t'asseoir ? / Voulez-vous vous asseoir ?

EXERCICE 17

d) un œuf (des œufs) – i) un hôpital (des hôpitaux) –
j) un œil (des yeux) – l) un mal (des maux)

EXERCICE 18

1. Avant, je ne faisais pas attention à ce que
   je mangeais.
2. Avant, elle ne faisait pas d'exercice régulièrement.
3. Avant, ils n'avaient pas de loisir(s).

4. Avant, il buvait beaucoup de café.

5. Avant, ils avaient le temps de jouer au tennis.

6. Avant, nous sortions souvent.

7. Avant, tu regardais la télévision toute la soirée.

8. Avant, elle travaillait les fins de semaine.

9. Avant, ils jouaient aux cartes tous les samedis soirs.

10. Avant, je n'allais pas au centre d'entraînement physique.

1. Oui, je fais encore du yoga.

2. Non, elle ne joue plus à la balle molle.

3. Oui, il est encore au régime.

4. Non, elle n'est plus malade.

5. Non, ils n'ont plus le rhume.

6. Non, nous ne jouons plus au golf.

7. Non, je ne suis plus fatigué.

8. Oui, il fait encore du ski de randonnée.

9. Oui, je fais encore de l'exercice tous les jours.

10. Non, elle n'a plus le temps de jouer au badminton.

1. Le narrateur avait 19 ans quand il était livreur.

2. Pendant la journée, il allait à l'université.

3. Selon le narrateur, quand on est livreur, il faut être très discret.

4. Il livrait de la pizza chez monsieur et madame Legros deux fois par semaine.

5. Monsieur Legros a toujours faim parce qu'il est au régime.

6. Au déjeuner, il mange un petit bol de céréales.

7. Tous les mercredis soirs, madame Legros va à son cours de danse aérobique.

8. Monsieur Legros commande une grande pizza toute garnie.

9. Tous les samedis soirs, monsieur Legros joue aux quilles.

10. C'est madame Legros qui commande la grande pizza au fromage et aux anchois.

THÈME 2   LES QUALITÉS ET LES DÉFAUTS

1. je suis   nous sommes
   tu es   vous êtes
   il / elle / on est   ils / elles sont

2. sois
   soyons
   soyez

3. a) généreuse   e) polie
   b) honnête   f) ponctuelle
   c) distraite   g) têtue
   d) paresseuse   h) travailleuse

4. avoir mauvais caractère

5. a) méchant   c) impoli
   b) malhonnête   d) actif

6. a) **mon** père   d) **ma** sœur
   b) **ma** mère   e) **mes** cousines
   c) **mes** frères   f) **mes** oncles

7. a) Faux. Séraphin est le personnage principal du roman *Un homme et son péché*.
   b) Vrai. Le Petit Chaperon rouge est une petite fille qui rencontre un méchant loup dans la forêt.
   c) Faux. Le père Noël est un personnage qui apporte des cadeaux aux enfants à Noël.

1. « Je suis comme ma mère, je **lui** ressemble. »

2. « Tu es comme ton père, tu **lui** ressembles. »

3. « Tu es comme moi, tu **me** ressembles. »

4. « Tu es comme nous, tu **nous** ressembles. »

5. « Jacques est comme vous, il **vous** ressemble. »

6. « Jacques est comme ses parents, il **leur** ressemble. »

7. « Tes filles sont comme toi, elles **te** ressemblent. »

8. « Votre garçon est comme vous, il **vous** ressemble. »

1. Oui, elle lui ressemble.
   Non, elle ne lui ressemble pas.

2. Oui, je lui ressemble.
   Non, je ne lui ressemble pas.

3. Oui, vous leur ressemblez.
   Non, vous ne leur ressemblez pas.

4. Oui, tu me ressembles.
   Non, tu ne me ressembles pas.

5. Oui, nous leur ressemblons.
   Non, nous ne leur ressemblons pas.

6. Oui, je te ressemble.
   Non, je ne te ressemble pas.

7. Oui, ils nous ressemblent.
   Non, ils ne nous ressemblent pas.

8. Oui, elle me ressemble.
   Non, elle ne me ressemble pas.

1. Elle lui envoie une carte de remerciement.

2. Je leur parle fréquemment.

3. Nous voulons leur dire la vérité.

Corrigé

4. Ils lui posent des questions.
5. Tu peux lui demander la permission.

1. Lise est beaucoup plus extrovertie que Jacques.
2. Cette directrice semble un peu moins exigeante que l'autre directrice.
3. Les étudiants du groupe A sont aussi studieux que les étudiants du groupe B.
4. Les employés de cette entreprise sont moins motivés que les employés de l'entreprise concurrente.
5. Ce nouveau député semble plus confiant que le député précédent.

LE SENS DES MOTS

incroyable, improbable, inaccessible, irréel, illégal

EXERCICE 5

1. a) — C'est très joli ce que tu portes.
   b) — Je veux vous remercier pour ce que vous avez fait.
   c) — Vous êtes très aimable. Merci beaucoup.
   d) — C'est vraiment gentil d'être venus.
   e) — Encore merci pour tout.
2. Les énoncés varient.

EXERCICE 6

Les réponses varient.

EXERCICE 7

Lecture.

EXERCICE 8

1. faux
2. faux
3. non mentionné
4. faux
5. vrai
6. faux
7. non mentionné
8. faux

EXERCICE 9

a) Jacques Cartier **est né** en 1491, à Saint-Malo en France. En 1520, il **a épousé** Catherine Des Granches. Quand il **était** jeune, Jacques Cartier **voulait** devenir marin. En 1534, il **est venu** dans la région de Terre-Neuve et il **a exploré** le golfe du Saint-Laurent. Par la suite, il **a fait** deux autres voyages en Amérique du Nord parce qu'il **voulait** trouver un passage pour se rendre en Asie. Jacques Cartier **était** un homme énergique et tenace. Il **est mort** en 1557.

b) Marguerite Bourgeois **est née** en 1620, à Troyes en France. Elle **est arrivée** à Ville-Marie (aujourd'hui Montréal) en 1653. En 1658, elle **a ouvert** la première école dans une étable abandonnée. Elle **a consacré** sa vie à l'éducation des enfants et des femmes de la Nouvelle-France. Marguerite Bourgeois **était** une femme dévouée et très humble. Elle **refusait** les honneurs et les privilèges. Elle **est morte** en 1700. Elle **avait** 80 ans.

c) Samuel de Champlain **est né** vers 1580, dans la province de Saintonge en France. Il **était** un navigateur et un explorateur. Il **a fait** son premier voyage en Amérique du Nord en 1603. Il **a fondé** la ville de Québec en 1608. En 1620, son épouse, Hélène Boullé, **est venue** vivre en Nouvelle-France. Elle **a aidé** les gens malades. Elle **était** patiente et douce. Samuel de Champlain **a traversé** 19 fois l'Atlantique dans le but de réussir à implanter une colonie française en Amérique du Nord. C'**était** un homme acharné. Il **est mort** le 25 décembre 1635.

EXERCICE 10

Lecture

EXERCICE 11

Les réponses varient.

EXERCICE 12

Les réponses varient.

EXERCICE 13

1. Il faut que nous soyons très compréhensifs avec les enfants.
2. Il faut que vous soyez très poli(s) avec les clients.
3. Il faut que nous soyons plus attentifs en classe.
4. Il faut qu'ils soient plus studieux.
5. Il faut que je sois plus patient.
6. Il faut que tu sois très prudent sur la route.
7. Il faut qu'elles soient très alertes dans des situations d'urgence.
8. Il faut qu'il soit très créatif pour réaliser de belles annonces publicitaires.

EXERCICE 14

1. Vous lui avez parlé **du** problème.
2. Elle s'est fixé un **but** intéressant.
3. Ces personnes donnent généreusement à cet organisme sans **but** lu**cratif.
4. Les étudiants n'ont **plus** de cours de **mu**sique.
5. Il est tê**tu,** mais il travaille très bien sous pression.
6. Nous n'avons pas vou**lu** répondre au questionnaire.
7. Même si **tu** es très oc**cu**pé, **tu** trouves toujours le temps de nous écouter.
8. J'ai re**çu** une plainte d'un client qui était très dé**çu du** service à la clientèle.

EXERCICE 15

1. a) prudent
   b) honnête
   c) optimiste
   d) sage
   e) aimable
   f) turbulent
   g) gentil
   h) poli
   i) attentif

2. a) gentille
   b) polie
   c) studieuse
   d) attentive
   e) turbulente
   f) sportive
   g) obéissante
   h) têtue
   i) prudente

3. Ce sont les parents.

4. La vie est divisée en quatre stades : l'enfance, l'adolescence, l'âge adulte et l'âge de la retraite.

5. Il faut que nous soyons parfaits.

6. C'est le verbe **être.**

7. Les réponses varient.

THÈME 3   LA MÉTÉO

RÉVISION

1. a) Il fait beau. **ou** Il fait soleil.
   b) Il pleut.
   c) Il neige.
   d) Il vente.

2. Les 12 mois de l'année sont : janvier, février, mars, avril, mai, juin, juillet, août, septembre, octobre, novembre, décembre.

3. a) il a fait beau.
   b) il va faire beau.
   c) il n'a pas plu.
   d) il ne pleut pas.
   e) vente-t-il ?
   f) va-t-il venter ?

4. a) Avez-vous chaud ?
   b) As-tu eu froid ?
   c) Va-t-il avoir froid ?

5. a) Il fait douze degrés.
   b) Il fait vingt-six degrés au-dessous de zéro. **ou** Il fait moins vingt-six degrés.
   c) Il fait dix-huit degrés.
   d) Il fait trente-quatre degrés.

EXERCICE 1

1. d)
2. b)
3. a)
4. b)
5. a)
6. c)
7. d)

EXERCICE 2

1. Quel temps horrible !

2. a) Éloïse est arrivée en retard parce qu'il y a une tempête de neige.
   b) Suggestions de réponses : La circulation routière était plus lente qu'à l'habitude ; Éloïse a dû déneiger sa voiture ; Les routes étaient glissantes ; Éloïse a eu de la difficulté à trouver une place pour garer sa voiture.

3. On prévoit 30 centimètres de neige (25 centimètres déjà tombés et 5 autres centimètres à venir).

4. « On » remplace les personnes qui ont donné cette information à la radio.

EXERCICE 3

Les textes varient.

LE SENS DES MOTS

venteux, pluvieux, nuageux, brumeux

EXERCICE 4

1. Je suis gelé.
2. On crève de chaleur.
3. Il grelotte.
4. Elle a la chair de poule.
5. Tu sues.

EXERCICE 5

Le printemps
Les bourgeons éclatent.
La neige fond.
C'est la période du dégel.
On plante des fleurs.

L'été
Il y a des vagues de grande chaleur.
On prend des bains de soleil.
On bronze.
On tond le gazon régulièrement.

L'automne
Les feuilles tombent.
On ramasse des feuilles.
On vide la piscine.
On ferme le chalet d'été.

L'hiver
La neige tombe.
On pellette de la neige.
Les routes sont glacées.
On déneige l'automobile.

EXERCICE 6

Les réponses varient.

EXERCICE 7

1. J'espère qu'il **neigera…**
2. Nous **ramasserons** des feuilles quand il ne **ventera** pas.
3. Le temps **s'ennuagera…**
4. … il ne **grêlera** pas ici.
5. … qu'il **tombera…**
6. … vous **pelletterez…**

7. Elle **déneigera…**
8. Il **achètera…**
9. Je **nettoierai…**
10. Tu **fermeras…**

1. Il **prendra…**
2. Vous **direz…**
3. Nous **partirons…**
4. Je **vendrai…**
5. Tu **finiras…**
6. Ils **couvriront…**

1. S'il **pleut,** ils **iront** magasiner.
2. S'il **vente,** elle **fera** de la planche à voile.
3. Si le temps **s'éclaircit,** nous **souperons** dehors.
4. S'il **neige,** elles **feront** du ski.
5. S'il **fait** froid, nous **resterons** à la maison.
6. S'il **fait** beau, nous **ferons** un barbecue.
7. S'il **neige,** les enfants **joueront** dehors.
8. S'il **pleut,** je **mettrai** mon imperméable.
9. S'il **fait** chaud, nous **irons** à la plage.
10. S'il **fait** très froid, ils **s'habilleront** chaudement.

Les phrases varient.

hiver, frais, très, ventait

1. Nous **avons eu** une panne d'électricité parce qu'il **ventait** très fort.
2. Il **faisait** chaud quand nous **sommes allés** au marché ce matin.
3. Il **faisait** soleil quand elles **sont parties,** mais il **pleuvait** quand elles **sont revenues.**
4. Il **neigeait** un peu quand je **me suis couché(e)** hier soir.
5. Elles **ont fait** de la planche à voile parce qu'il **ventait.**
6. Il n'**est** pas **venu** parce qu'il **faisait** froid.
7. Je **suis resté** à la maison parce qu'il **neigeait** trop fort.
8. L'été dernier, ils **se sont baignés** uniquement trois fois parce qu'il **faisait** froid.

Note : Les verbes soulignés sont au passé composé. Les verbes qui sont uniquement en caractères gras (non soulignés) sont à l'imparfait.

L'été passé, durant nos vacances, mon mari, mes enfants et moi **avons décidé** de partir quelques jours à la campagne pour faire du camping. Les deux premiers jours, il **faisait** très beau. Le ciel **était** bleu, le soleil **brillait** et il **faisait** très chaud. La deuxième nuit, il **faisait** tellement chaud que nous **avons dormi** à la belle étoile. Le temps **était** parfait ! Cependant, le troisième soir, nous **avons** rapidement **compris** que le paradis n'existe pas sur terre…

Tout **a commencé** vers sept heures du soir. Le ciel **s'est couvert,** le temps **est devenu** gris et le vent **s'est levé.** Puis, vers huit heures, la pluie **a commencé** à tomber. Nous **avons rangé** toutes nos choses dans la tente et nous **nous sommes couchés.** Vers neuf heures, il **pleuvait** très fort. L'eau **a commencé** à s'infiltrer dans notre tente. Puis, l'orage **a éclaté** ! Les éclairs **illuminaient** le ciel et le tonnerre **faisait** trembler la terre. Il **ventait** si fort que nous **avons eu** peur de nous envoler.

Après une bonne heure de ce spectacle son et lumière, le temps **est redevenu** calme. La pluie **a cessé,** le vent **est tombé** et le ciel **s'est dégagé.** Mon mari et moi **sommes sortis** pour constater les dommages. Nous **avons vu** des branches d'arbres partout sur le sol et, à quelques mètres de notre tente, nous **avons vu** deux arbres déracinés. Nous **avons passé** une bonne partie de la nuit à tout nettoyer et nous **sommes allés** dormir dans l'automobile.

Le lendemain matin, nous **avons décidé** de rentrer à la maison. Je n'ai pas besoin de vous dire que, depuis cette aventure, le camping n'est plus une activité très populaire dans notre famille !

Les textes varient.

1. Les générations antérieures s'accommodaient de maisons peu isolées parce qu'elles n'avaient pas accès aux matériaux modernes. De plus, les normes de construction n'étaient pas les mêmes.
2. Aujourd'hui, une maison saine doit être **étanche à l'air, bien isolée** et **bien ventilée.**
3. On compare la maison à un chandail de laine.
4. Le pare-air empêche le vent de traverser la paroi et le pare-vapeur empêche l'humidité d'atteindre la structure.
5. Les moisissures.
6. venteux **et** pluvieux
7. Un chandail de laine vous **gardera** au chaud… (le verbe **garder**)
   … il **faudra** recouvrir le lainage… (le verbe **falloir**)
8. a) inefficace
   b) sain(e)
   c) antérieur(es)
   d) extérieur(e)
   e) étanche ou isolé(e)